마음과 몸의 문제

THE MIND-BODY PROBLEM(Essential Knowledge series) by Jonathan Westphal
Copyright © 2016 Massachusetts Institute of Technology.

All rights reserved.
This Korean edition was published by HanulMPlus Inc. in 2020 by arrangement
with The MIT Press, Cambridge MA through KCC(Korea Copyright Center Inc.), Seoul.

이 책은 (주)한국저작권센터(KCC)를 통한 저작권자와의 독점계약으로 한울엠플러스(주)에서
출간되었습니다. 저작권법에 의해 보호를 받는 저작물이므로 무단전재와 복제를 금합니다.

이 도서의 국립중앙도서관 출판예정도서목록(CIP)은 서지정보유통지원시스템 홈페이지
(http://seoji.nl.go.kr)와 국가자료종합목록 구축시스템(http://kolis-net.nl.go.kr)에서
이용하실 수 있습니다. CIP제어번호: CIP2020011043(양장), CIP2020011052(무선)

마음과 몸의 문제

The Mind-Body Problem

조너선 웨스트팔Jonathan Westphal 지음

한정라 옮김

옮긴이의 말

이 저서는 매우 논리적이며 내용이 포괄적이다. 심-신 문제에 대한 거의 모든 고전적 논증들과 오늘날 신경 과학에 근거한 논증들까지 폭넓게 다루기에 새로운 개념과 논증을 만나면 설렘과 어려움을 동시에 느낄 수 있다. 그러나 저자는 촘촘한 논리로 비교적 자세하게 설명하고 있다. 그래서 이 책을 꼼꼼하게 따라 간다면 심-신 문제를 철학적으로 다룬 여러 이론들의 핵심과 문제점을 이해할 수 있으리라 믿는다.

철학과 과학에서 연구되는 심-신 문제는 데카르트 이후 확고해진 마음과 몸의 구별에 기초한다. 몸은 공간에 존재하지만 마음은 그렇지 않다. 이런 의미에서 몸은 물리적이나 마음은 아닌데, 내 마음과 내 몸은 짝이 되어 상호작용한다. 마음은 어떻기에 그렇게 알기 힘든 것인가? 무지개를 보며 느끼는 색감들이나 클라리넷 소리, 쓰라린 통증이나 절망감 같은 경험을 한다는 것은 어떤 것일까? 개인마다 있는 그대로 느껴지는 경험의 질이 다를 것이다. 이렇게 우리의 경험은 주관적이며 뭔가 말로 표현할 수 없는 어떤 감각적 특질을 동반한다. 철학에서는 이를 '감각질qualia'이라 부르며, 20세기의 심-신 논쟁은 감각질의 개념과 감각질이 의식 경험의 물리적 과정이냐 아니냐를 두고 펼쳐졌다고 할 수 있다. 분명 이런 우리의 경험은 뇌의 신경세포 활동과 분리할 수 없다. 그렇다면 이런 경험들은 뇌에 있는 신경세포들의 활동과 어떤 관계를 갖는가? 심-신 문제는 여러 질문들 중 무엇보다 마음의 물리성에 대한 문제를 제기한다.

저자인 웨스트팔은 심-신 문제를 네 명제들의 관계로 공식화하면서 시작한다. 마음은 비물리적인 것이다. 몸은 물리적인 것이다. 마음과 몸은 상호작용한다. 물리적인 것과 비물리적인 것은 상호작용할 수 없다. 그런데 이 네 명제들 각각은 참이지만 합치면 모순이 되어 적어도 그것들 중 하나는 거짓이어야 한다는 역설이 발생한다. 저자는 심-신 문제를 다룬 여러 이론들을 검토하면서 각 이론들이 어떻게 이런 역설적 상황을 해결하지 못하고 반복하는지를 설명한다. 그리고 저자가 딛고 있는 입장인 중립적 일원론을 밝힌 다음, 저 공식을 새롭게 재구성한 네 명제들이 역설적 상황에 처하지 않음을 보임으로써 심-신 문제에 대한 해결책이 어떻게 가능할지를 논증한다.

저자가 처음에 검토하는 잘 알려진 여러 이론들은 상호작용론과 실체이원론, 속성 이원론, 평행론, 부수현상론, 창발론, 수반이론, 행동주의, 동일론인 중추-상태 유물론, 기능주의, 무법칙적 일원론, 제거주의, 관념론, 그리고 반물리주의 입장의 토머스 네이글, 데이비드 차머스와 프랭크 잭슨의 논증들이다. 나아가 마음의 한 부분인 의식에 대한 최근의 신경과학적 이론들도 검토한다. 그 이론들은 버나드 바스의 전역 작업공간 이론, 크릭과 코흐의 가설, 토노니의 통합정보 이론, 그라지아노의 주의 도식 이론이다. 이들은 입장들은 달라도 의식을 신경세포들이 펼치는 뇌의 기능과 활동에 상응하는 것으로 파악하려 한다. 웨스트팔은 이 이론들 모두가 심-신 문제의 역설을 재생산하며, 무엇보다 마음 경험의 질적인 독특성을 제거해 버리는 문제가 있음을 보여준다. 의식에 대한 최근의 신경 생리학적 연구도 의식의 물리성을 고찰하는 시도로서는 고무적이지만 의식은 단지 마음의 한 부분일 뿐이다. 우리들 심적 경험의 현상적 속성들 또는 감각질은 신경세포의 발화로 일어나는 어떤 물리적인 것이나 뇌의 어떠한 계산적 상태로 환원될 수 없다. 결국은 다시 심-신 문제의 출발점으로 돌아온다.

웨스트팔은 심-신 문제를 다룬 역사에서 잊히거나 간과된 견해들을 신중하게 살핀 다음 자신의 주장을 편다. 대표적으로 에른스트 마흐, 윌리엄 제임스, 버트런드 러셀의 이론을 살펴보는데, 이들의 견해는 관념론적 일원론 및 유물론적 일원론과 반대되는 중립적 일원론이다. 중립적 일원론의 입장에서 기본적인 것은 마음도 아니고 사물도 아닌, 어떤 점에서는 감각질의 특성과 매우 유사한 우리의 경험적 요소들이다. 이 경험적 요소들은 기본적으로 중립적이며 오직 우리의 설명적 배열과 맥락에 따라 심적인 것이거나 물리적인 것으로 간주된다고 웨스트팔은 주장한다. 즉, 어떤 경험적 요소이건 물리적 연쇄에서 고려된다면 물리적이고 심적 연쇄에서 고려된다면 심적이다. 그런데 두 연쇄는 교차한다. 이 때 양쪽에 배치되는 하나의 요소가 존재하며, 이 의미에서 물리적인 것과 심리적인 것은 인과관계를 갖는다고 말할 수 있다. 앞서 고찰한 여러 이론들이 몸과 마음의 상호작용을 물리적 몸과 비물리적 마음의 인과관계로 파악하는 것과는 매우 다르다. 웨스트팔은 색과 수가 분리될 수 없는 색-숫자의 세계를 상정하고 물리적 연쇄와 심리적 연쇄 그리고 그것들의 교차를 구체적인 예를 통해 설명한 다음, 네 개의 새로운 명제들로 심-신 문제를 공식화해 본다. 그리고 이 네 명제들은 합쳐도 역설을 낳지 않기에 중립적 일원론이 심-신 문제에 대한 하나의 해결책이 될 수 있음을 보였다고 주장한다.

　세세한 논증들은 이 저서를 읽으면서 만날 수 있다. 저자가 매번 강조하듯 심-신 문제는 철학적이고 논리적인 문제이다. 심-신 문제를 다루는 철학적 입장들은 당대의 과학적 흐름과 맞물려 있는데, 오늘날은 특히 신경과학과 맞물려 있다. 이제 심-신 문제에 대한 철학적 사유는 뇌와 그 신경세포들의 활동에 근거해 의식의 신경 상관자를 찾으며 마음의 물리성에 다가가는 과학적 주장들을 아울러야 한다. 옮긴이의 생각으로는 좋은 질문에서 좋은 답변이 나온다. 이 저서에서 조금이나마 맛본 철학적 사유의 꼼꼼함이 과학적이건 종교적이건 철학적이건 심-신 관계와 연관된 개념과 문제들에 대하여 좋은 질문을 만들어내는 데 도움이 되기를 바란다.

한정라

차례

서문

심-신mind-body 문제는 **역설**이다. 역설은 개개 명제에 대한 논증들은 명백하게 건전해도 명제들을 합치면 모순이 되는 한 무리의 명제들이다. 우리는 그 무리의 모든 명제들이 참임을 확언할 수 없지만 모두 참이라고 믿을 만한 이유가 있다.

심-신 문제에 대한 나의 접근법은 통상 행해지는 것보다 좁지만, 나는 이 좁은 접근법이 과거 도출된 심-신 문제의 특정 해결책들에 무슨 문제가 있는지를 명확히 생각하게 도울 것이라 믿는다. 그것은 우리가 몸과 마음 이외의 것들에 대한 형이상학에 빠지지 않도록 도와줄 것이다. 1장에서 매우 일반적으로 소개하는 심-신 문제는 마음과 몸에 관한 문제이며, 결코 자아, 의식, 영혼, 또는 무엇이건 몸과 마음이 아닌 그 밖의 것에 관한 문제가 아니다. 하지만 5장에서는 마음의 이런 부분과 심-신 문제를 과학적으로 다루는 사례들로서 몇 가지 중요한 과학적 의식 이론들을 고찰한다. 의식은 최근 여러 인지과학의 중요한 연구 주제가 되었으며 마땅히 마음의 한 **부분**으로 간주될 수 있다. 그렇지만 의식은 마음의 전부가 아니며 데카르트Descartes가 믿던 마음의 본질도 아니다.

심-신 문제는 여러 질문들 중 무엇보다 마음의 물리성 physicality 문제를 제기한다고 할 수 있다. 마음과 그에 딸린 의식이 그저 물리적인 물질이라는 게 어떻게 참일 수 있는지 알기는 분명 어렵다. 우리는 신경세포들이 발화하는 것은 물론 심성mentality이나 의식의 미세한 폭발을 방출하는 것도 지켜볼 수 없고 심지어 상상할 수도 없다. 그것들은 뇌 주변을 날아다니는 투명한 요정들 같다. 뇌는 확고하게 물리적이며, 실제로 물질적이다. 무게도 묵직하게 3파운드 정도 나간다. 그러나 마음의 무게를 **묻는** 것은 이치에 맞지 않는다. 인간의 뇌는 인간 몸무게의 약 2%라고 한다. 그리고 뇌에는 신경교세포는 말할 것도 없고 신경세포만도 1억 개가 있다. 그러나 이런 것들은 인간 마음에 대해서는 참이 아니다. 뇌의 크기는 대략 $5 \times 6 \times 4$인치라고 말할 수 있다. 그러나 마음에 대해서는 이런 식으로 말할 수조차 없다. 물론, 유물론(존재하는 모든 것은 물질적인 것이라는 논제)이나 물리주의(존재하는 모든 것은 물리적인 것이라는 논제)에 좀 더 세련된 입장들이 있다. 그것들을 3장에서 검토한다. 그러나 똑같은 어려움이 그것들 모두에 남는다.

데이비드 차머스David Chalmers를 따르는 철학자들과 또 다른 사람들은 의식에 대한 **어려운 문제**와 **쉬운 문제**, 정확히는 쉬운 **문제들**—차머스에 의하면 그것들은 많다—을 구분하고자 했으며, 최근 이에 대한 저술이 상당히 많다.[1] 차머스가 의미하는 쉬운 문제들이란, 예를 들어 새하얌에 대한 의식the consciousness of whiteness이라는 문구를 이해할 수 있다고 가정하고, 이 의식을 갖게 되는 물리적 과정들을 서술하는 문제들이다. 분명히 이런 종류의 문제들은 많이 **있다**. 우리는 눈, 귀, 촉각, 코, 등등의 메커니즘들을 이해해야만 한다. 어려운 문제란 어떻게 새하얌의 경험이, 그리고 그와 더불어 우리의 새하얌에 대한 의식이, 시각피질에서 작동하는 순수하게 물리적인 시스템들로부터 일어날 수 있었는지를 이해하는 것이다. 이 생각은 지각할 때 일어나는 물리적 과정들로 우리의 경험을 이해할 수 있더라도 이 방식으로 이해될 수 없는 경험의 속성들이 있다는 것이다. 이것들이 **감각질**qualia으로서, 차머스는 그것을 물리적이라고 보지 않았다.

알겠다. 그러나 이 새로운 20세기의 '어려운 문제'는 1641년에 데카르트와 그의 비평가들과 함께 등장한 오래된 문제의 강화된 판에 불과하다. 우리는 1장에서 그 오래된 문제를 볼 수 있을 것이다. 그 어려운 문제는 **어렵다**. 왜냐? 그것이 심-신 문제이기 때문이다. 차머스의 의식에 대한 어려운 문제는, 더 쉽게 이해된 물리적 과정들과 의식 또는 감각질 또는 마음 사이의 매우 뚜렷한 구분이 완비되어 있는, **단지** 새로운 이름의 **심-신 문제**이다. 데카르트에게 마음의 주된 속성은 의식이며,

따라서 그의 비평가들이 지적했듯이, 마음과 몸의 관계에 대한 문제가 있다. 데카르트의 이 견해는 마음은 물리적이라는 주장을 하기 어렵게 만든다. 즉, 마음은 물리학과 생리학의 세계에 전혀 들어맞지 않는 것처럼 보인다. 이원론은 아예 그렇다고 주장한다. 2장에서는 이원론의 다른 형태들을 고찰한다.

심-신 문제는 17세기 중반에 주요한 문제가 되었다. 쇼펜하우어Schopenhauer가 그 문제를 "세계의 매듭the world-knot"이라 불렀다고들 하지만 실제로는 아니다.[2] 만약 쇼펜하우어가 심-신 문제에 대하여 저 구절을 사용했었다면, 그는 아마 심적인 것과 물리적인 것과 마음과 몸에 대한 우리의 일상 개념들은, 물리적 세계를 비롯한 세계에 대한 우리의 개념화 전체가 심-신 문제에 의해 의문시될 수 있는 방식으로, 어떻게든 얽혀 있음을 의미하려 했을 것이다. 형이상학적인 문제 자체는 오직 철학자들이 그것을 처음 인식하게 된 이후에 중요해졌으며, 20세기 말과 21세기의 초에 여러 상황을 겪고 지금도 여전히 건재하다.

6장과 7장에서 제시된 나의 견해는 반유물론적 논증들에 우호적이다. 또한 이원론에도 우호적인데, 이원론은 세상의 사물들은 단지 한 종류만 있는 게 아니라 별개의 두 종류가 있다는 견해이다.

학생으로서 처음 심-신 문제에 맞닥뜨린 이후 나는 줄곧 그 문제를 생각해 왔다. 그 당시 미국과 영국 대학의 분위기는 물리주의적 또는 유물론적 방향으로 매우 기울어 있었다. 그런 분위기가 얼마나 강했으며 또한 다른 견해를 지닌 학생들이 어떻게 주눅감과 소외감을 느꼈는지를 떠올리기는 어렵다. 이런 학생들이 어떻게 철학 밖의 학제들로 옮겨갔는지에 대하여 역사적으로 참되게 설명하기는 매우 어려울 것인데, 그들은 옮겨간 학제들에서 마음과 심지어 인간도 어떤 종류의 것일지 또한 철학의 가능성이 무엇인지에 대한 감각을 더 많이 품을 수 있었다. 다행스럽게도 오늘날 철학은, 당연히 그래야 하겠지만, 이방인을 더욱 환영하고 있다. 이는 단지 잘못된 것을 바로 잡으려는 교정적 정치 때문만이 아니라, 철학이 지적인 손님, 즉 이방인을 환영하지 못한다면 근본적으로 자신의 사명을 착각하고 있다는 철학 자체의 자각 때문이기도 하다.

나 역시 그렇게 소외되었던 학생 중 하나였다. 그 당시 나에게는 당대의 강력한 유물론이 문제였다. 1학년은 에드윈 컬리Edwin Curley 교수의 지도하에 17세기 철학, 특히 라이프니츠Leibniz로 시작했는데 거기에서 즉시 편안함을 느꼈다. 내가 확신했고 지금도 여전히 확신하는 것은, 사용하는 언어에 대한 책임감을 동반하는 철학적 견해에 대한 실로 단호하고 지속적인 분석은 적어도 그 견해가 직면하는 문제들에 이르고, 최고로는 그 견해가 참인지 거짓인지에 대한 확고한 앎에 이르게 된다는 것이다. 학생 때부터 지금까지 이 확신을 의심하게 만드는 것을 읽거나 들은 적이 없다. 유물론이 참이었을 수도 있다. 유물론은 1960년대 이후 상당한 쇠퇴를 겪었고, 몇몇 중요한 새로운 반유물론적 논증이 심리철학에 출현했다. 4장에서는 이런 논증들을 다룬다. 흥미롭고 놀라운 점은 철학과 과학이 서로에게 더욱 우호적이 되면서 새로운 진전들이 일어났다는 것이다. 더욱 더 흥미로운 점은 이런 논증들이 오늘날 대부분의 과학자와 철학자들의 기본 태도인 유물론적 및 자연주의적 확신을 거의 침해하지 않는다는 것이다. ('자연주의 naturalism'는 자연은 존재하는 모든 것이고, 따라서 모든 발생은 자연적 발생이라는 견해이다.) 유물론적이고 자연주의적인 이런 확신들은 이성이 아니라면 어디에서 오는가? 이성은 당연히 많은 형태를 취할 수 있으며, 그것들 중 하나가 한낱 평범한 보행자 또는 애쓰는 지성**이다**.

우리가 현재 상황에 대해 어떤 견해를 취하든, 문제 **전체**를 연구하기에 적합한 시기인 것 같다. 이는 문제의 해결책으로 제공되었던 이론들의 세부 사항에 대한 논쟁으로 떠들썩한 것 이상을 의미한다. 문제는 논쟁들이 어땠냐가 아니며, 또한 철학은 일반적으로 논쟁이 아니다. 우리에게 필요한 것은 문제의 구조에 대한 **이해**, 그리고 마음, 몸, 물리적인 것, 심적인 것이라는 개념들의 기원에 대한 **이해**understanding이다.

왜 심-신 문제에 대한 또 하나의 책인가? 왜 지금인가? 이 책은 심-신 문제에 대한 **또 하나의** 책이 아니라는 것이 대답이다. 오랫동안 이 문제에 전념한 장문의 포괄적인 저서가 실제로 없었다. 이것은 여전히 많은 철학자들이 유물론적 지향을 가장 자연스럽게 여긴다는 사실과 부분적으로 관련 있을 것이라 믿는다. 유물론적 관점에서 심-신 문제는 정말 불가능할 정도로 어렵다. 이 점이 내가 유물론자가 되지 않고, 그 대신 그 주제의 역사에서 잊히거나 간과된 견해들을 더욱 신중하게 살펴보려는 또 다른 이유이다. 이 책의 마지막 두 장은 이 작업이다. 그리고 7장에서는 내 자신의 견해(중립적 일원론neutral monism)를 옹호한다. 내가 특히 관심을 갖는 사실은, 과거의 중립적 일원론자들은 심-신 상호작용에 주목했다고 해도 결코 충분히 주목하지 않았고, 게다가 실제로 심-신 문제에 대한 해결책을 전혀 언급하지 않았으며, 오직 사물들의 단일성oneness에 대한 열정에 자족하고 있었다는 것이다. 나는 이 점을 어떻게 개선할 것인가에 대한 몇 가지 제안과 중립적 일원론자는 심-신 상호작용을 어떻게 이해해야 하는가에 대한 분석을 제공한다.

1

마음과 몸의 문제
배경과 역사

1. 심-신 문제는 무엇인가?

논리적 관점에서 심-신 문제는 이해하기 쉬우며, 단지 네개의 명제나 진술로 명확하게 표현될 수 있다. 다음의 공식화는 내가 키스 캠벨Keith Campbell 의 것을 각색한 것이다.[1]

(1) 마음은 비물리적인 것이다.

(2) 몸은 물리적인 것이다.

(3) 마음과 몸은 상호작용한다.

(4) 물리적인 것과 비물리적인 것은 상호작용할 수 없다.

이 네 명제 중 어느 하나도 부정하기가 매우 어렵다. 그런데 그것들을 함께 합치면 참이 일관되게 유지될 수 없다. 적어도 그것들 중 하나는 거짓임에 틀림없으며, 이 일이 일어나는 정확한 방식을 보여주려는 시도가 심-신 문제에 대한 해결책을 개발하는 작업이다.

위의 (1)~(4)에서 공식화된 것처럼, 심-신 문제는 전적으로 논리적인 문제이다. 네 명제들은 결코 동시에 일관되게 주장될 수 **없다.** 아무 것도 이 점을 바꿀 수 없다. 실제로 그것들로부터 도출되는 모순이 있고, 그래서 명제들 **사이의** 긴장이라는 문제가 있다. 물론 네 명제들을 매우 닮은 모호한 명제들을

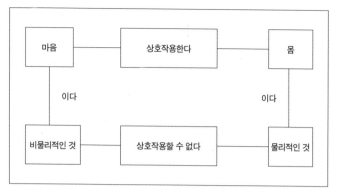

〈그림 1〉

주장하는 것도 가능하다. 그러나 그런 명제들은 모순적 그룹이 언급되는, 공식적 용어들로 제시된 고정불변의 관계들을 갖지 않는다.

〈그림 1〉은 '마음', '몸', '물리적', '비물리적'이라는 네 용어들이 네 명제들 안에서 어떻게 모순을 일으키는 방식으로 관련되어 있는지를 보여준다. 이같이 보다 공식적 문제 제기는 철학자와 논리학자들이 때때로 네 명제들을 "모순적인 테트라드(4분자)inconsistent tetrad"로 부르는 이유를 잘 보여준다. **네 명제(테트라드) 중 어느 것이든 셋이 동시에 참이라면 네 번째**는 거짓이라는 것이 이 구절의 의미이다. 여기에 모순이 있다. 예를 들어, 만약 (1), (2), (3)이 참이라면 (4)는 거짓이다. 만약 마음은 비물리적인 것이고, 몸은 물리적인 것이며, 마음과

몸이 상호작용한다면, 적어도 하나의 비물리적인 것과 하나의 물리적인 것이 사실상 상호작용을 **한다**는 것이 도출되며, 따라서 물리적인 것과 비물리적인 것이 상호작용을 할 수 없다는 것은 거짓이다. 그래서 네 번째 명제는 거짓이다.

또는 마지막 세 명제 (2), (3), (4)가 참이라고 가정해 보자. 물리적인 것과 비물리적인 것은 상호작용할 수 없고, 마음과 몸은 상호작용하며, 몸은 물리적인 것이라고 가정하자. 그러면 마음은 비물리적인 것이 아님이, 즉 마음은 물리적인 것임이 도출된다. 마음이 반드시 물리적인 것이어야 하는 이유는 몸이 물리적인 것이며, 마음과 상호작용하기 때문이다. 그러나 우리는 물리적인 것과 비물리적인 것은 상호작용할 수 없다고 가정했다. 따라서 (1)은 거짓일 수밖에 없다.

이런 식으로 원래의 네 명제 (1)에서 (4) 중 아무것이나 세 개를 선택하고 네 번째 명제의 반대나 부정을 도출하는 일은 재미있다. 이런 놀이로 심-신 문제가 어떻게 논리적인 문제인지에 대한 좋은 감을 얻을 수 있다. 이 문제의 해결은 네 명제 모두를 동시에 붙잡는다는 의미겠지만, 그것은 해결이 **가능하지 않은** 문제이다. 네 명제 모두를 고수하는 것이 논리적인 선택이 아님을 알게 될 때, 무엇보다 가장 기본적인 질문은 네 명제 중 **어떤** 것을 부정할 것인가이다.

우리는 또한 심-신 문제를 덜 공식적인 용어들로 서술할 수 있다. 그 속에 모든 것이 있는 인간의 몸을 고려해 보라. 위, 신경과 뇌, 팔, 다리, 눈과 같은 내부 및 외부 기관과 부분들 그리고 나머지 모든 것이 들어 있다. 이런 모든 장비, 특히 감각기관들을 가지고 우리가 우리로부터 멀리 떨어져 있는 세상 사물들을 의식적으로 지각할 수 있다는 것이 흥미롭고 놀랍다. 예를 들어, 나는 아침에 눈을 뜨고 침대 옆 탁자에서 나를 기다리는 맛있는 커피 한 잔을 볼 수 있다. 한 걸음 떨어져 있으며 내가 그것을 만지지 않는데도, 어떻게든 그 자신을 나에게 드러내고 있다. 내가 그것을 **본다**see는 것이 어떻게 일어날까? 어떻게 시각 체계는 커피 한 잔의 이미지를 나의 인식이나 마음에 전달할까?

대답은 별로 간단하지가 않다. 매우 대략적인 물리적 이야기는 이렇다. 커피 잔에서 온 빛이 내 눈에 들어가고, 이 빛이 양 눈 뒤쪽에 있는 두 망막에 충돌한다. 그 다음은 생리학에서 배운 대로 두 망막이 전송하는 전기 신호가 시신경을 따라 내려가 시신경교차를 통과한다. 이 신호들은 뇌의 뒤쪽에 있는 소위 시각피질로 전달된다. 그런 다음 일종의 기적이 있다. 시각피질이 활성화되며, 나는 커피 잔을 **본다**see. 심지어 내가 컵을 **의식하고 있다**conscious고 말할 수도 있을 것이다. 비록 이 말이 무엇을 의미하는지 그리고 내가 컵을 **본다**see는 말과 어떻게 다른지가 분명하지 않더라도 말이다.

뇌의 물리적 상태는 어떻게 커피 한 잔이 있음에 대한 흥미로운 인식을 내 안에 산출했는가? 단지 잠깐 발화하는 신경세포들만 있으며, 커피 한 잔의 이미지는 없다. 컵의 이미지는 그 다음에 있다. 나는 한 걸음 떨어져 있는 커피 잔을 본다. 나는 그런 모든 신경세포들의 발화를 의식하지 못하며, 정녕 볼 수도 없다. 신경외과의가 **그것들을** 보는 자이다. **내가** 보는 것은 커피 한 잔이다. 나의 신경세포들은 어떻게 나 또는 나의 마음 또는 나의 의식과 접촉했으며, 어떻게 거기에 나를 위해 커피 한 잔의 이미지를 찍어 놓았는가? 어떻게 커피 한 잔이라는 감각이 신경세포 덩어리에서 출현했는가?

신비이다.

저 신비가 심-신 문제, 또는 그 문제의 일부이다.

우리는 그 문제를 이런 식으로 나누고 싶을 수도 있다. '시각적 경험'을 심적 상태라 부르자. 지금의 경우, 심적 상태는 커피 한 잔의 이미지를 담고 있다. 심적 상태는, 여전히 밝혀지지 않았지만, 우리가 컵을 볼 때 객관적으로나 물리적으로 무슨 일이 진행되건 그 일과 어떤 식으로든 관련되어 있다.

이 일련의 두 사건들(심적 경험과 그것의 기저에 있는 물리적 사건들) 이외에도 보이는 것의 '주관적 특징'이 있다고 한다. 이 주관적 특징은 "컵을 보는 경험을 한다는 것은 어떤 것일 것"이라는 문구에 있듯이, 몇몇 철학자들이 채택했던 "어떤 것일 것what it is like"이라는 문구에 대한 것이다. 컵을 보는 경험을 한다는 게 어떤 것일지는 컵을 보는 **의식**consciousness으로 확인되어야 한다. 컵을 의식한다는 것은 그 경험을 하는 **것 같은**it is like 무언가가 있다는 것이다. 이 구절은 철학자 티모시 스프리그Timothy Sprigge에서 비롯되어 그 후 사용되다가, 토머스 네이글Thomas Nagel에 의해 대중적이 되었다.[2] 그것은 경험이 수반하는 이 추가적인 것을 포착하기 위한 것이다. 커피 한 잔을 본다는 것은 어떤 것일까? 또는 좀 더 일반적으로, 의식을 지닌 인간이 된다는 것은 어떤 것일까?

이것을 돌이 된다는 것은 어떤 것일까라는 질문과 비교해 보라. 글쎄, 돌이 된다는 것에는 **어떤 것일 게 없다.** 그러니까 스프리그와 네이글의 기준에 의하면 돌에는 의식이 없다.

이 "어떤 것일 것"은 철학자들과 또 다른 이들로부터 **감각질**quale(라틴어, 단수, '팔레이parlay'와 운이 맞게 '콸-레이kwa-lay'로 발음된다)와 **감각질들**qualia(라틴어 복수, '라-디-다la-dee-dah'와 운이 맞게 '콸-리-아kwa-lee-ah'로 발음된다)라는 이름으로 수용되었다.

커피 한 잔을 보거나 지각할 때 나는 그 경험에 부착된 감각질quale을 인식한다. 그러나 똑같은 정보를 나르는 동영상에게는 이런 것이 전혀 없을 것이다. 영상 출력 장치에게는 의식이 없다. 의식이 영상으로 들어가려면, 누군가가 그 비디오 영상을 **바라보고**looking 있어야만 한다.

감각질 개념은 불행하게도 전혀 분명하지 않다. 어떤 철학자들은 그 용어를, 위에서 그것들의 역할을 서술했듯이 컵을 볼 때 내가 보는 하얀 컵 형태 같은 경험의 **속성들**이 아니라 경험 자체를 언급하는 데 사용했다.

여기에 진짜 애매성이 있고 두 철학적 용법들은 모순된다. 감각질이 경험이라면, 감각질 자체는 그것들을 지닌 주체의 속성들이며, 그래서 그것은 심리적 실체이다. 만약 감각질이 경험**의** 속성이라면, 감각질은 경험을 하는 주체의 속성이 아니다. 그것들은, 예를 들어 **흰 색**과 **컵의 형태** 같이, 어떻게든 주체들의 마음에 나타나는 독립적인 형이상학적 실체이다.

내가 하얀 컵을 볼 때 감각질을 하나만 갖는지 아니면 여러 개 갖는지도 의문이다. 하얀 컵 감각질, 하나만 갖는가? 아니면 컵 이미지 전체를 함께 구성하는 여러 개의 더 작은 하얀-색 컵 감각질들을 갖는가? 어떤 대답도 만족스럽지 않다. 유명한 예를 들자면, 얼룩덜룩한 암탉을 바라볼 때, 나는 감각질을 몇이나 갖는가? 특히 암탉이 머리를 조아리며 달리고 있다면 반점이나 얼룩이 얼마나 많은지 볼 수도 없고, 따라서 확실한 숫자도 알 수 없을 것이다. 또는 시간이 흐르면서 순조롭게 변하는 감각질, 예를 들어 스펙트럼을 가로지르는 빨강들을 바라볼 때, 나는 상이한 감각질을 얼마나 많이 갖는가? 그런데 중요한 점은, 예를 들어 비록 빵 조각들이 하얗거나 회색일지라도 빨은 갈색이라는 주장에서 보듯, **색**color 또는 **색을 띰**being colored 같은 개념은 똑같은 어려움을 겪지 않는다는 것이다. **색**과 **색을 띰**은 감각질보다 훨씬 관대한 개념들이다.

나는 논의하고 있는 맥락이나 저자가 '감각질들'과 '감각질'이라는 단어를 필요로 할 때는 그 단어들을 사용하고, 경험의 대상이라는 특질을 더욱 강조할 때는 '현상적 속성phenomenal property'이란 단어를 사용할 것이다. 유감스럽게도 용어의 역사가 이를 허용할 정도로 충분히 혼란스럽다. '감각질'이란 용어는 흥미로우며 파란 많은 역사를 가지고 있다. 과거에는 '**사유**cogitationes', '관념', '경험', '감각 자료', '특질', '지각', '감각', '감각의 속성', '지각된 것', '원초적 느낌', '법칙적인 부수물', '현상적 속성', '특질적 속성'이라는 구절과 단어들이 대체로 같은 생각을 파악하고자 사용되었다. 상이한 용어들의 혼란스러운 역사는 최근 철학을 탐구하는 사려 깊은 학생들에게, 감각질 왕국에 있는 모든 것은 마땅하지 않다는 사실을 경고하기에 충분하다. 용어의 빈번한 변경과 무엇을 전달하려는 복잡한 논증들의 우왕좌왕이 어째서 상당히 간단한 생각이나 생각들의 집합이어야 하는가?

헤르베르트 파이글Herbert Feigl에 관한 유명한 이야기가 있다. 1966년 캘리포니아대학교 로스앤젤레스 캠퍼스UCLA에서 마음과 뇌에 대한 강의를 하면서, 그는 유물론자임에도 불구하고 그가 결코 해결할 수 없었던 마음과 뇌의 관계 문제의 한 부분, 즉 '원초적 느낌 raw feels'에 대해 논의했다. 청중 속에 있던 저명한 철학자 루돌프 카르납 Rudolf Carnap 은 질문과 답변 시간에 자신이 원초적 느낌이라는 문제에 대한 해결책을 갖고 있다고 밝혔다. 파이글은 흥분해서 그게 뭐냐고 물었다. "헤르베르트, 당신 문제에 대한 해결책은 바로 'α-인자'요." 카르납이 대답했다. 파이글은 더욱 더 흥분해서 α-인자가 무엇인지 알기 원했다. 그의 과학적 식견에도 불구하고 α-인자는 그에게 새로운 개념이었다. 카르납은 대답했다. "글쎄요, 헤르베르트, 당신이 나에게 원초적 느낌이 무엇인지 말해주시오. 그러면 내가 α-인자가 무엇인지 말해주겠소." 타당한 지적이었다.

감각질 또는 현상적 속성들을 묘사하는 개념적 및 언어적 어려움은 엄청나다. 비록 과학자가 나의 뇌를 스캔하여 혈액의 순환이나 신경세포들의 발화를 기록할 수 있다 해도, 나의 경험들과 동등한 스캔은 없다는 사실은 여전히 남는다. 여기에 관련이 있는 서로 다른 두 세계가 있는 것처럼 보인다 — 그러나 그것들은 어떻게 관련되어 있을까?

심-신 문제는 인간의 **마음**과 인간의 물리적 **몸**과의 관계에 대한 문제임을 깨닫는 것도 중요하다. (만약 동물에게 마음이 있다면 그것은 동물의 마음과 동물의 몸과의 관계에 대한 것이기도 하지만, 이 책에서는 인간의 경우로 논의를 한정할 것이다.) 마음과 몸과의 관계는 감각질이 있건 없건 존재한다. 내가 무의식적으로 커피 한 잔을 보거나 무의식적으로 어떤 문제를 생각하는 심적 상태에 있다면, 비록 그것에 부착된 감각질이 없더라도 저 심적 상태가 물리적인 몸과 어떻게 관련되어 있는지를 누구든 당연히 궁금해할 수 있다.

심-신 문제를 반대 방향으로 생각해 본다면 무엇이 문제인지를 더 쉽게 볼 수 있다. 다시 몸을 생각해 보자. 담요 밖으로 두 팔이 나와 있고 나는 오른손을 뻗어 커피 잔을 잡는다. 커피를 한 모금 마시고 싶기 때문이다. 내가 어떻게 그랬을까? 커피 한 모금에 대한 나의 **심적** 욕구는 어떻게 **물리적인** 나의 팔을 그 컵에 뻗게 했을까? 글쎄, 우리는, 적어도 부분적으로는, 답을 알고 있다. 내 근육이 내 팔을 움직였다. 그러나 나의 **심적** 욕구는 어떻게 내 물리적인 근육을 움직였을까? 나의 마음이 어떻게든 나의 팔에 닿아 근육을 움직였을까?

다시, 우리는 답을 알고 있다. 아니, 그렇다고 생각한다. 뇌에서 온 전기 신호들이 근육을 움직였다. 심적 에너지가 그 근육에 직접 작용하지 않았다. 그럼에도 의문은 계속된다. 어떻게 나의 **심적** 욕구는 **물리적인** 전기 신호들이 시동을 건 다음 나의 팔을 따라 내려가 근육을 움직이게끔 야기했을까? 다시, 생리학이 답한다. 물리적인 전기 신호를 산출한 것은 나의 마음—'심적인 것'—이 아니라 나의 뇌에서 발화한 신경세포들이었다. 좋다. 그러나 이제 우리는 핵심에, 말하자면 문제의 신경에 도달한다. 나의 **심적** 욕구는 그것과 연관된 감각질을 동반하면서 어떻게 나의 **물리적인** 신경세포들의 발화를 야기했는가? 우리는 어떤 형태의 염력, 즉 오직 심적 에너지에 의한 물체의 이동 같은 염력을 가진 것처럼 보인다. 만약 신경세포들의 발화를 야기했던 것이 심적인 나의 원함이 아니라 **또 다른** 신경세포들이라고 대응한다면, 질문은 대답되었다기보다 회피되었다. 나의 심적 욕구는 어떻게 그런 **또 다른** 신경세포들의 발화를 야기하는가?

이 욕구과 연관된 감각질이 없을지 모른다. 아니면 무의식적인 심적 욕구가 있을 수도 있다. 그러나 심적 욕구가 어떻게 신경세포들의 발화를 야기해서 내 팔을 움직이게 하느냐는 질문은 여전히 남는다. 따라서 감각질은 심-신 문제의 일부인 반면, 심-신 문제는 마음의 무의식적 상태와 물리적 상태를 비롯한 마음과 몸 사이의 어떤 관계라도 포함한다.

물질 또는 물리적인 것은 어떻게든 마음에 영향을 미칠 수 있다. 그리고 마음도 어떻게든 물리적인 몸을 움직이게 할 수 있다. 그렇지만 이런 '어떻게든'이 이해하기 어렵다. 왜냐하면 우리는 신경세포들의 한 가운데를 떠다니는 심적 경험의 양상들이나 감각질이 어떻게 존재할 수 있는지를 볼 수 없을 뿐만 아니라, 물리적으로 신경세포들에 파고 들어가 그것들을 발화시키면서 동반자인 감각질을 구름처럼 나부끼는 욕구들도 볼 수 없기 때문이다.

2. 1641년, 데카르트와 문제의 발견

오늘날 우리가 심-신 문제라 부르는 문제는 프랑스 철학자 르네 데카르트René Descartes가 1641년에 저술한 『제1 철학에 관한 성찰the Meditations on First Philosophy』과 이보다 몇 년 전 저술인 『인간에 대한 논고Treatise on Man』에서 발견했거나 고안했다는 게 매우 일반적인 견해이다.

우리의 심-신 문제가 지닌 어려움은 마음과 몸이 어떻게 관련되어 있으며 서로에게 어떻게 영향을 미치는가에 대해서만이 아니다. 그것은 또한 마음과 몸이 어떻게 관련**될 수 있으며** 서로 어떻게 영향을 미칠 **수 있는가**에 대한 것이기도 하다. 마음과 몸의 특징적 속성들은 기름과 물처럼 매우 다르기에, 그것들이 무엇이건 절대 섞이지 않을 것이다.

데카르트에 의하면, 물질은 본질적으로 **공간적**이어서 선형적 차원이 있다는 특징적 속성들을 갖는다. 공간에 있는 것들은 적어도 위치를 가지며, 높이, 깊이, 길이, 또는 이들 중 하나 이상을 지닌다. 면적은 2차원이고 선은 1차원이지만 둘 다 공간에 위치한다. 물체들은 적어도 일상 경험에서는 명백히 3차원적이다. 반면에 심적 실체들은 이런 특징들을 갖지 않는다. 예를 들어 우리는 마음이나 마음의 어느 부분에 대해서건 그것이 2 × 2인치 크기의 정육면체라든가 두개골의 어떤 공간에 위치한 반지름 2인치의 구형이라고 말할 수 없다. 이는 마음이 공간에서 어떤 다른 형태를 갖고 있어서가 아니라, 결코 공간으로 특징지어지지 않기 때문이다. 데카르트 주장에 따르면, 마음의 특징은 그것이 **의식적**이며, 형태가 없고 물리적 물질로 구성되지 않았다는 점이다. 물리적 특징들을 지니며 공간을 점유하는 뇌와 달리, 마음에 공간적인 묘사를 붙이는 것은 이치에 맞지 않아 보인다. "마음은 공간을 얼마나 차지하는가?" 또는 "마음은 어떤 형태인가?" 또는 "마음은 3차원인가 2차원인가?" 또는 "물리적 공간에서 마음은 어디에 있는가?"라고 물을 수는 있다. 그러나 이런 질문들에는 답이 없다. 질문들이 이치에 맞지 않기 때문이다.

데카르트를 따라 물리적인 것의 **유일한**the 본질이 공간이라고 주장할 필요는 없다. 어떤 것이 공간에in 있음은 그것이 물리적인 것이 되기 위한 필요조건이라는 것만이 우리에게 필요하다. 흥미롭게도 물리성physicality에 대한 이 간단한 테스트는 데카르트 이후 모든 철학적 견해의 변화에서 거의 손상 없이 살아남았다. 공간에는 존재하지 않는다고 하는 물리학의 어떤 이상한 존재자entity조차 자동적으로 이런 물리성에 대한 반증의 사례로 간주되지 않는데, 왜냐하면 물리학이 그런 존재자들을 가지고 비물리적인 — 단지 공간에 어떤 위치도 지니지 않기 때문에 비물리적인 — 것을 다루고 있다는 말을 반증할 것들이 없기 때문이다. 그리고 공간에 위치하지 않는다고 하는 존재자들은 보통 물리학보다는 수학의 창조물들이다. 이 점을 납득하려면 노엄 촘스키Noam Chomsky의 유명한 견해를 숙고할 필요가 있다. 그는 우리가 물리적인 것 또는 몸에 대한 분명한 개념을 갖지 못했기 때문에 심-신 문제가 무엇인지조차 모른다고 한다. "우리에게 '물질' 또는 '몸' 또는 '물리적인 것'에 관한 개념이 부족하기에 '심-신 문제'와 관련된 쟁점들을 공식화할 일관된 방법을 갖지 못한다."[3] 그런데 우리가 **가지고** 있는 것은 우리 앞에 놓인 공간에 대한 개념, 그리고 공간에 포함된 것이라면 무엇이든 취급하는 물리학에 대한 개념이다. 우리들 몸은 확실히 공간에 있지만 마음은 아니다. 우리의 마음과 그 내용과 활동에 크기와 위치를 정하는 것이 말이 되지 않는다는 단순한 의미에서 마음은 공간에 있지 않다.[4]

이러한 쟁점들은 데카르트에 대한 "반론들"로 시작하는 데카르트의 『성찰Meditations』이 출간된 이후 상당한 관심을 불러일으켰다. "반론들"은 당대의 저명한 학자들이 썼고 데카르트는 다시 "응답들"을 썼다. "반론과 응답"은 『성찰』 초판에 포함되어 있다. 그러나 『성찰』에서 데카르트가 매우 예리하게 선을 그은 마음과 몸의 구분('실제적 구분')을 발견할 수 있어도, 사실상 그는 우리의 심-신 문제를 언급하지 않는다. 그는 마음과 물질이 매우 다르다고 서술했지만, 그 사실에 동요하지 않는다. 하나는 공간적이며 다른 하나는 아니고, **따라서 하나는 다른 하나에 작용할 수 없다.** 공간에서 위치를 결여한 것은 공간에 있는 것, 소위 한 지점에 있는 것에 작용할 수 없다. 심-신 문제는 거기 그의 본문에는 없다. 데카르트는 반론들 중 하나에 대한 **응답**에서 서술한다.

그런 질문들에 포함된 모든 문제는 그저, 거짓이며 어떤 식으로건 증명될 수 없는 가정에서 나온다. 즉, 만약 영혼과 몸이 본성이 다른 두 실체라면 바로 이 점이 그것들을 서로에게 작용할 수 없게 만든다는, 가정이다.[5]

이 점에 대해서는 데카르트가 확실히 옳다. 구운 알래스카 푸딩의 '본성'은 인간의 본성과 매우 다르다. 의심할 것 없이 하나는 푸딩이고 다른 하나는 인간이기 때문이다. 그러나 이 둘은 어려움 없이 "서로에게 작용"할 수 있다. 예를 들어, 인간은 구운 알래스카 푸딩을 먹을 수 있으며, 구운 알래스카 푸딩은 인간에게 복통을 일으킬 수 있다.

그런데 어려움은 그저 마음과 몸이 다르다는 것만이 아니다. 몸과 마음의 상호작용은 모순을 수반하기 때문에 불가능한, 그런 방식으로 서로 다르다. 몸의 본성은 공간에 존재한다는 것이고 마음의 본성은 공간에 존재하지 않는다는 것이라고 데카르트는 주장한다. 이 둘이 상호작용하려면 공간에 존재하지 않는 것이 공간에 존재하는 것에 작용해야만 한다. 그런데 몸에 대한 작용은 몸이 있는 공간의 한 지점에서 일어난다. 따라서 마음 또는 마음 한 조각은 몸이 점유한 공간 바로 옆에 있어야만 한다. 그러나 (또 말하지만) 마음은 공간에 존재하지 않을 뿐더러 몸과 공간적으로 관련되지도 않기에 몸 근처에 다가갈 수조차 없다.

데카르트는 분명 이 문제를 보지 못했다. 그러나 그것은 비평가 두 사람, 즉 그에게 편지를 쓴 보헤미아의 엘리자베스 공주Princess Elisabeth of Bohemia와 그에게 응답한 피에르 가상디Pierre Gassendi에 의해 분명하게 언급되었다. 그들은 영혼이 몸에 영향을 주려면 반드시 몸과 접촉해야 하고, 그러기 위해서 영혼은 반드시 공간에 존재하며 연장을 가져야 한다고 지적했다. 이럴 경우 영혼은, 데카르트의 기준으로는, 물리적이다.

1643년 5월 엘리자베스 공주는 데카르트에게 다음과 같이 썼다.

인간 영혼이 순전히 의식적인 실체로 남아 있으면 서 어떻게 자발적 행위들을 수행하기 위해 몸에 있는 동물 정기의 운동을 결정할 수 있는지를 제발 말해주세요. 언제나 운동의 결정은 운동하는 물체의 추진됨에서 비롯된다고 보이기 때문입니다. ― 그것을 움직이게 한 것으로부터 얻은 일종의 충격에 달려 있거나, 또는 다시, 그것을 움직이게 한 것 표면의 본성과 형태에 달려 있는 것처럼 보입니다. 이제 첫 번째 두 조건들은 접촉을 필요로 하며, 세 번째 조건은 추진체[어떤 것이 연장을 지닌다는 점을 필요로 합니다. 그러나 당신은 당신의 영혼 개념에서 분명히 연장을 배제하며, 그래서 접촉은 어떤 것의 비물질적임과 양립할 수 없어 보입니다.[6]

물체를 움직이게 하는 추진력과 '일종의 충격'은 접촉을 필요로 하며, 물체와 접촉이 이루어지는 부위 표면의 '본성과 형태'는 연장을 필요로 한다. 이 구절을 파악하려면 두 개의 추가적 설명이 필요하다. 첫째, 엘리자베스 공주와 데카르트가 '동물 정기'(갈렌Galen의 문구)를 언급할 때 그들은 대략 현대 생리학의 신경섬유들에서 무언가 신호 역할을 하는 것에 대하여 말하고 있다. 데카르트의 경우, 동물 정기는 귀신같은 유령의 의미에서의 정신이 아니라, 근육은 공기로 팽창되어 움직인다고 주장하는 소위 열기구 이론balloonist theory의 일부이다. 동물 정기는 근육을 팽창시킨 공기의 미세한 흐름이다(여기에서 '동물animal'은 짐승을 의미하는 것이 아니라 영혼이란 뜻의 '애니마anima'에서 파생된 형용사이다).

두 번째 추가적 설명은, 엘리자베스 공주가 "당신은 분명 당신의 영혼 개념에서 연장을 배제한다"고 쓸 때, 그녀는 데카르트가 마음과 물질은 상호 배타적이라는 방식으로 그 둘을 규정한다는 사실을 언급하고 있다는 점이다. 마음은 의식으로서 연장도 공간적 차원도 갖지 않는다. 물질은 의식이 아닌데, 왜냐하면 그것은 전적으로 공간적 차원과 위치에 의해 규정되기 때문이다. 마음은 위치와 공간적 차원이 없기 때문에 물질과 접촉할 수 없다고 엘리자베스는 주장하고 있다. 마음은 접촉면도 연장된 표면에 작동하는 충격도 가질 수 없다. 여기에서 우리는 전속력으로 나아가는 심-신 문제를 만난다.

피에르 가상디는 소위 데카르트의 『성찰』에 대한 반론을 썼던 철학자와 과학자 중 한 사람이다. 그의 비평 중 하나는 이런 식이다:

당신은, 공간을 점유하지 않은 비연장적인 주체로서, 어떻게 공간을 점유하는 연장된 물체의 가상 또는 관념을 받아들일 수 있다고 생각하는지 여쭈어도 될까요?[7]

가상디가 의미하는 '가상semblance'은 우리가 이미지라 부르곤 하는 것이다. 철저한 사진적 의미에서 이미지는 빛에 의해 눈으로 전달된다는 점에 주목해 보자. 그 의미는, 물체의 사진은 우리와 물체 사이 어느 곳에서건 또는 빛이 이미지의 정보를 전달하는 또 다른 어느 곳에서건 찍힐 수 있다는 것이다.

데카르트 자신에게는 아직 심-신 **문제**가 없었지만 그에게는 무언가 그 문제의 **해결**에 해당하는 것이 있었다. 바로 그 문제에 대한 데카르트의 **해결에서** 그 문제를 발견했던 자들이 그의 **비평가들**이었어도, 데카르트가 행한 마음과 몸의 예리한 구분으로 그들이 그 문제를 발견할 수밖에 없었다는 것도 사실이다. 그 구분은 마음과 몸을 규정하는 특성들 또는 데카르트가 일컬은 "가장 중요한 속성들principle attributes", 즉 의식과 연장에 관련되었다.

종류가 매우 다른 것들이 서로 상호작용할 수 있다고 본 데카르트는 틀림없이 옳았더라도, 마음과 몸처럼 그렇게 다른 것들이 사실상 어떻게 상호작용하는가에 대한 그의 설명은 옳지 않았다. 1649년의 저서 『정념론The Passions of the Soul』에서 그는 마음과 몸이 송과선the pineal gland을 통해 상호작용한다고 제안한다. 송과선은 "영혼이 위치하는 자리"로서 동물 정기나 그 옆 주머니에서 나오는 공기의 흐름을 이동시키기 위해 영혼에 의해 이리저리 움직인다는 것이다. 그가 송과선을 택한 이유는 이 기관이 작고, 가벼우며, 양측으로 한 쌍이 아니고, 중심부에 위치하기 때문이다. 그럼에도 여전히 전체적인 생각은 성공할 가망이 없는데, 왜냐하면 송과선은 몸의 다른 어느 부분만큼이나 물리적이기 때문이다. 비록 '영적pneumatic'(또는 신경) 시스템의 수리학hydraulics에 대한 좋은 이야기가 있다 해도, 마음이 어떻게 몸에 작용할 수 있는가에 대한 문제가 존재한다면, 마음이 어떻게 송과선에 작용할 수 있는가에 대해서도 똑같은 문제가 존재할 것이다.

우리는 꼭 데카르트 형식은 아니어도 마음과 몸과의 예리한 구별을 물려받았다. 그러나 심-신 문제에 대한 데카르트의 해결책은 물려받지 않았다. 그래서 우리에게는 해결책이 빠진 문제만 남았다. 우리는 색color 경험들과 같이 우리가 지닌 경험들은 그것들을 궁극적으로 산출하는 전자기 방사나, 뇌에 있는 신경세포들의 활동과도 정말 매우 다르다는 것을 알고 있다. 비록 그 영향이 시각피질에 있는 신경세포들에게까지 미칠 수 있다고 해도, 우리는 무색 전자기파가 어떻게 색을 생기게 할 수 있는지가 궁금할 수밖에 없다. 달리 말하면, 우리는 한 편으로는 물리학과 생리학을 다른 한 편으로는 물리학과 심리학을, 그것들을 연결할 수 있는 원리를 갖춘 방법도 없이, 엄격하게 구별하고 있다. 물리학은 **질량**, **속도**, **전자**, **파동**, 등등을 포함하는 개념들의 집합으로 구성되지만, **빨강**, **노랑**, **검정**,

분홍 등과 같은 개념들은 포함하지 않는다. 생리학은 **신경세포, 신경교세포, 시각피질, 막 전위**, 등등의 개념들을 포함하지만, **빨강** 개념과 그 밖의 모든 색 개념들은 포함하지 않는다. 빨강 색은 우리가 보는 어떤 것이다. 현재 과학 이론의 틀에서 '빨강'은 **심리학적** 용어이지 물리적 용어가 아니다. 그렇다면 우리의 문제는 물리적인 것과 심리적인 것과의 관계를 묘사하는 어려움으로서 매우 일반적으로 서술될 수 있는데, 왜냐하면 엘리자베스 공주와 가상디가 깨달았듯이 그것들에 공통 용어가 없기 때문이다.

심-신 문제는 1641년 데카르트와 그의 비평가들과의 논쟁 이전에 실제로 없었는가? 당연히 데카르트보다 훨씬 앞서 철학자와 종교 사상가들은 몸과 마음 또는 영혼, 그리고 그들의 관계에 대해 말해왔다. 예를 들어, 플라톤Plato이 쓴 매혹적인 대화, 『파이돈Phaedo』은 죽음 이후 영혼의 생존과 영혼불멸을 옹호하는 논쟁들을 담고 있다. 하지만 영혼이나 마음이 어떻게 몸 '안'에 있을 수 있으며 또한 어떻게 몸을 떠날 수 있는지에 대한 정확한 의미가 플라톤에게 그 자체로 문제인 무언가로 나타났던 것은 분명히 아니다. 그의 관심은 영혼이 죽음에서 살아난다**라는** 사실에 있지, **어떻게** 또는 어떤 의미에서 영혼이 몸 안에 있을 수 있는가에 있지 않다. 종교 사상가들도 마찬가지이다. 그들의 관심은 인간, 아마도 몸의 안녕, 그러나 주로 인간 영혼의 안녕과 미래에 있다. 그들은 문제를 기술적으로 정밀하게 공식화하지 않는다. 엘리자베스 공주와 가상디는 데카르트가 깔끔하게 공식화한 이원론에 의해 어쩔 수 없이 그 기술적 정밀함을 지니게 되었다.

17세기 중반 동안 우리의 지적 지향에 중요한 변화가 있었다. 신경계에 대한 데카르트의 열기구 설명과 같은 기계적 설명들이 유행하게 되었는데, 이런 설명들은 물리적 및 기계적 관점에서는 인간의 마음과 인간의 의식에 대하여 어떤 말을 해야 하는가에 대한 질문에 답하지 않았다. 예를 들어, 우리가 컵을 들고 커피 한 모금을 마시는 것 같은 간단한 일을 하겠다고 결정할 때, 무슨 일이 일어나는가? 팔이 움직인다. 그러나 생각이나 욕구가 어떻게 그런 일이 일어나게 할 수 있었을지는 알기 어렵다. 그것은 마치 유령이 커피 잔을 들어 올리려고 하는 것 같다. 유령의 귀신 같은 팔은 컵에 영향도 주지 않고 또한 컵이나 사람의 팔을 공중에 들어 올리지도 않으며 그냥 컵을 통과할 것이다. 우리가 몇 발자국 멀리에서 현금인출기가 현금을 내놓게끔 할 수 있을 것이라 생각해도 전혀 놀랍지 않을 것이다. 우리 마음이 현금인출기와 물리적으로 전혀 연결되지 않았고, 바로 이 때문에 현금인출기의 출력에 영향을 줄 수 없다고 주장해도 소용없다. 왜냐하면 우리 마음이 우리의 몸과 물리적으로 연결되어 있다는 것이 의미가 없기 때문이다. 우리의 마음은 우리의 몸과 **물리적으로** 연결되지 않았다. 마음이 비물리적이라면, 어떻게 몸과 연결될 수 있겠는가? 이것이 요점이며, 엘리자베스 공주와 가상디는 데카르트를 비롯해 그들보다 앞선 그 누구보다 이 점의 중요성을 더욱분명하게 보았다.

2

이원론적 심-신 이론들

1. 상호작용론과 실체 이원론

심-신 이원론은 대략 1960년대까지는 대중적 견해였으나, 오늘날 적어도 전문 철학자들과는 점점 멀어지고 있다. 그 전문 철학자들은 대개 유물론적 또는 자연주의적 세계관을 채택한 과학자들과 운명을 같이한다 — 존재하는 모든 것은 자연이다.

이원론은 마음과 몸이 매우 다른 별개의 두 것들이라는 반자연주의적인 주장이다. 한 종류는 **비물리적**이고 다른 종류는 **물리적**이다. 마음이나 영혼은 비물리적인 종류의 것으로서 자연의 일부가 아니다. "마음은 비물리적인 것이다"가 우리의 첫 번째 명제였고, "몸은 물리적인 것이다"가 그 다음 명제였다. 이원론의 핵심은 이들 두 명제 모두가 참이며, 마음은 자연의 일부가 아니라는 주장이다. 게다가 중요한 이원론의 한 형태는 마음과 몸이 서로 독립적으로 존재할 수 있는 별개의 **것들**이라고 말한다. 그렇게 독립적으로 존재하는 것들은 철학사에서 '실체'라 불린다. 실체는 또 다른 실체들과 독립하여 단독으로 존재할 수 있는 개별적인 것이다. 따라서 **실체 이원론**substance dualism은 마음과 몸이 서로 독립적으로 존재할 수 있다는 의미에서, 또는 그것들이 실체라는 의미에서 별개라는 견해이다.

상호작용적 실체 이원론interactionist substance dualism은 이런 두 실체들 또는 두 것들이 존재하고 인과적으로 상호작용할 수 있다는 견해이다. 예를 들어, 몸이 맥주를 너무 많이 들이키면 마음이 혼란스러워지고 사람의 기분이 바뀔 수 있다. 이에 상호작용적 실체 이원론자는 물리적 실체 또는 '몸'이라 불리는 것은 비물리적 실체 또는 '마음'이라 불리는 것과 상호작용하고 있거나, 분명 상호작용하는 것처럼 보인다고 말할 것이다.

몸은 매장되고 나서 마음 없이 존재할 수 있다. 그러나 그 반대는 어떨까? 우리는 취침 후 어둠 속에 존재하는 마음처럼, 죽음 후 어둠 속에 존재하는 마음을 상상할 수 있다. 우리는 불을 끈 어둠 속에서 우리의 마음을 아주 생생하게 의식한다. 어둠 속에서 마음은 아마 쉬운 수학 문제를 풀고 있거나 기도를 하거나 이런 저런 생각을 하고 있기에, 우리는 죽은 후에도 이런 종류의 활동이 계속된다고 상상할 수 있다. 이는 어떤 이들에게는 위안을 주지만 다른 이들에게는 당혹스럽고 낯설다.

이원론을 시사하는, 우리가 수행할 수 있는 사고실험도 있다. 내가 평상시처럼 잠에서 깨어 눈을 뜬다고 상상하거나 생각해 보라. 나의 왼편에서 깨끗하고 하얀 머그잔에 담긴 커피를 본다. 김이 모락모락 나고 냄새가 좋다. '좋네', '커피를 마실 시간이야'라고 독백한다. 침대를 흘긋 돌아보고 놀라는데, 침대가 전날 밤인 것처럼 구김이 없고 완벽하게 정돈되어 보이기 때문이다. 내 발이 이불을 튀어 나오게 해야 하는 곳이 완전히 평평하다는 것을 알아차릴 때 상황은 더욱 이상해진다. 기이하게도 이불을 덮고 있는 내 몸뚱이가 이불이 튀어나온 흔적도 만들지 않았다. 아내가 이불을 당기며 커피를 건네줄까 하고 물을 때는 거의 경악하게 된다. 내 몸이 있어야만 하는 곳에 몸이 전혀 보이지 않는다. 악몽인가? 아니다. 잠에서 완전히 깨어났는데 내 몸이 밤에 사라진 것 같다. 그저 몸이 보이지 않는다는 것이 아니다. 정말 몸이 거기에 없다. 몸이 사라졌다. 아마도 몸은 더 이상 존재하지 않을 것이다. 내가 순수한 의식으로 변해버렸나? 내 생각과 시각적 및 촉각적 감각들 그리고 움직임과 행동에 대한 그 밖의 모든 감각들을 포함하는, 철학자들이 나의 마음이나 의식이라(비록 이 둘이 분명 같은 것은 아닐지라도) 부르는 것들은 여전히 거기에 있고 변함이 없다. 나는 반드시 거기 있어야 하는 내 등에서 여전히 만성 통증을 느끼지만, 등 자체는 잃어버린 것 같다. 나는 무슨 생각을 해야 하는가? 내 몸은 사라졌지만 내 마음은 여전히 거기에 있다고 말하는 게 자연스러워 보인다. 나는 이제 내 마음과 내 몸이 별개라는 게 보인다. 내 마음은 내 몸 없이도 존재할 수 있기 때문이다.

나는 이 모든 것을 상상할 수 있다. 그리고 더 중요한 것은, 몸 없이 잠에서 깨어나는 이야기가 모순적인 이야기로 보이지 않는다는 의미에서, 모든 것이 가능하다는 것이다. 가능성에 대한 더 적절한 테스트는 상상 가능성이 아니라 모순 없음이다. 어떤 사건의 묘사에 모순이 없다면 그 사건은 가능하다. 내가 복권에 당첨되는 게 가능하다고 가정하자. 나는 내가 복권에 당첨될 것이라고 상상할 수 있지만, 이는 중요하지 않다. 중요한 것은 내일 복권에 당첨되어 복권 사무소에 가서 복권을 보여주면서 상금을 받는 나를 묘사할 수 있으며, 이런 모든 행복한 사건들 중에 모순이 없다는 것이다. 상상 가능성은 묘사 가능성의 지표**일 수는** 있어도 그것을 보증하지는 않는다. 그러나 묘사 가능성은 ㅡ 모순이 전혀 없는 묘사라는 의미에서 ㅡ 가능성을 보여준다.

이 시험으로 우리는 마음과 몸은 서로가 없어도 존재하리라는 가능성이 **있다**고 결론 내려야만 한다. 내 마음과 의식은 그대로이나 내 몸이 사라진 채 잠에서 깨어나리라는 것이 가능하다. 그 가능성이 이원론의 핵심 주장이다. 중요한 것은, 마음과 몸은 서로가 없어도 존재**한다**do는 것이 원래의 주장이 아니라는 점이다. 어쨌든 잠깐 동안 어떻게든 함께 있기 때문에, 마음과 몸은 서로가 없어도 존재**할 수 있다**can는 것이 원래의 주장이다. 만약 마음과 몸이 독립적으로 존재할 수 있다면, 둘이 동시에 존재한다고 또는 동시에 존재하지 않을 것이라고 말할 수도 없다. 우리는 마음과 몸이 서로 독립적으로 존재할 수 있으며, 나아가 우리가 비물리적 힘이란 개념을 이해할 수 있다고 가정하면, 죽을 때에 그것 둘 다는, 하나는 물리적이고 다른 하나는 비물리적인 서로 다른 힘의 집합에 의해 동시에 파괴된다고 상상할 수 있다.

상호작용론의 주요한 난제가 데카르트를 괴롭혔다. 하나는 물리적이기에 공간적이며 다른 하나는 비물리적이기에 비공간적임에도, 마음과 몸은 **어떻게** 상호작용할 수 있을까? 물론, 마음이 비물리적임을 부인할 수도 있기에, 다음 장에서 이 중요한 선택지에 대해 논의할 것이다. 그러나 지금은 마음은 비물리적이고 몸은 물리적이며, 이 둘이 상호작용한다는 견해를 고려하고 있다. **어떻게?** 이것이 문제다. 물리적인 것과 비물리적인 것은 상호작용할 수 없다고 하면, 하나는 물리적이고 다른 하나는 아닌데 어떻게 몸과 마음이 상호작용할 수 있는가? 이것이 엘리자베스 공주와 가상디가 주장한 상호작용적 실체 이원론에 대한 반론이며, 상호작용적 실체 이원론이 그것을 해결하기는 어렵다. 아마 불가능할 것이다.

현대에 이원론을 작동시키려는 몇 가지 시도가 있었지만 전체적으로 약간 실망스럽다. 예를 들어 로E. J. Lowe는 그가 정신물리학적인 이원론적 상호작용론psychophysical dualist interactionism의 새로운 설명이라 여기는 것을 주장한다.[1] 로는 사건들의 인과사슬 구조는 분기구조인데, 인과사슬들이 얽히기 때문에 전체 구조는 끝이 없다고 지적한다. 그래서 심적 사건들은 끝부분들과 상호작용할 수 없거나 끝부분들과 상호작용해서 인과작용을 일으키는 데 실패할 것이 확실한데, 왜냐하면 끝부분들이 **없기** 때문이다! 내가 팔을 들 때 전체로서의 나무구조 또는 그중 일부가 활성화되지만, 내 팔이 움직이는 것은 이것의 결과가 아니라 내 팔을 움직이려는 욕구나 바람이나 의도의 결과이다. 신경생리학적인 인과 나무causal tree활성화는 내 팔의 움직임이 일어나는 정확한 **방식**을, 소위 급격하게 또는 부드럽게와 같이 설명하지만 우선 팔의 움직임이 일어**난다는 것**을 설명하지 않는다. 인과 나무는 마음과 행위와의 관계를 '매개한다'. 그러나 매개는 인과적 관계이다. 내가 내 손을 든다는 사실을 설명하는 것이 손을 들고자 한 결정이라는 것은 여전히 참이다. 따라서 심적인 것이 물리적인 것에 직접 작용한다는 것은 여전히 설명이 필요하다. 로는 나무의 끝부분이란 없기 때문에 내 마음은 뇌의 인과적 사건 나무의 끝부분들과 의사소통하는 게 아니라 나무 전체와 소통한다고 주장하며, 신경생리학적 사건들의 전체 나무-구조의 존재를 설명한다. 그러나 문제는 그저 똑같다. 마음은 어떻게 전체 나무를 활성화시키는가? 나무의 끝부분들과의 상호작용이 불가능하다면, 나무 전체와의 상호작용도 불가능하다.

이 설명의 또 다른 이상한 점은 의도와 사건 나무의 활성화가 동시에 일어난다는 것이다. 하나는 움직임이 **어떤가**how에 책임이 있고 다른 하나는 움직임이란 **사실**fact에 책임이 있다. 이는 수상하다.

게다가 로의 이원론적 상호작용주의 견해는 이원론에서 발생하는 매력적인 '짝지음 문제pairing problem'도 처리 못한다.[2] 내 마음이 내 팔을 들고 싶은 바람을 제기하고, 그 바람은 사건들의 나무-구조에게 시작하라고 지시한다. 당신이 내 옆에 서 있다고 하자. 어떻게 내 마음은 내 것이 아닌 틀린 나무 구조—당신의 것—에 들어가지 않는가? 아니면 라디오 방송처럼 어째서 둘 다에 들어가지 않는가? 마음과 몸이 진정으로 별개라면, 어떻게 내 마음은 내 뇌와 짝이 되고 당신의 마음은 당신의 뇌와 짝이 되는가? 왜 당신 팔이 아니라 내 팔이 올라가는가?

2. 속성 이원론

짝지음 문제에 대한 해답이 있지만, 이는 실체 이원론의 포기를 의미한다. 실체 이원론이 직면하는 문제로 어려움을 겪는 이원론자들에게 또 다른 종류의 이원론이 약간의 안도감을 제공하는 것처럼 보일 수 있다. 그것은 **속성 이원론**property dualism

이라 불린다.

속성 이원론자는 상호작용하는 별개의 두 실체라는 주장의 어려움을 명백하게 인식한다. 그래서 실체나 **사물들**에 대한 이원론 **대신에** 그것들의 **속성들에 대한** 이원론을 제안한다. 속성 이원론자는 오직 하나의 실체가 존재하지만 그것은 물리적인 것과 비물리적인, 두 종류의 속성을 지닌다고 말한다. 속성 이원론의 한 버전—물리주의적 버전—에서 마음은 물리적이다. 그것은 뇌의 인과적 상호작용과 관련된 부분이다. 그러나 마음은 두 종류의 속성을 지닌다.

그림과 같은 예술품은 물리적이지만 비물리적 속성들을 가진다고 말할 수 있다는 사실을 고려해 보자. 비록 그림이 물감과 나무와 캔버스로 만들어졌다고 해도 다음과 같이 말할 수 있다. 정확하고, 다소 풍자적이며, 재치 있고, 약간 모방적이지만 양식적으로 효과적이며, 약간 어둡다. 이들은 미적 속성들이지 물리적 속성들이 아니다. 그러나 캔버스 **그리고** 예술 작품이라는, 두 개의 사물이나 실체는 없다. 사람들이 가끔 그러듯이 누군가가 칼로 그림을 훼손시킨다면, 그림은 그것의 미적 속성 일부나 전부를 잃을 수도 있다. 또한 **재치 있음이나 약간 어두움**이라는 더 높은 차원의 속성들이 물감과 나무와 캔버스에 의존하더라도 그것들과 동일하다고 말할 수는 없다.

물리주의적 속성 이원론자는 생각을 지님과 같은 심적 속성들이 물리적 뇌나 마음에 **근거하고 있지만** 그것들 자체는 물리적 속성들로 **환원될 수** 없다고 말한다. 나의 뇌가 손상되면 나의 사고 능력이 손상될 수 있다. 그러나 속성 이원론자에 의하면, 그렇다고 내가 생각을 지님과 같은 심적 속성들이 물리적이라고 말할 수는 없다.

이제 속성 이원론자는 실체 이원론을 공격하는 짝지음 문제에 대응할 수 있게 되었다. **나의** 심적 활동들이, 나의 몸에서 분리된 것이라면, 어째서 **당신의** 몸에서 뭔가 일어나도록 야기하지 않는가? 나의 심적 활동들은 어떻게 올바른 목적지에 도달하는가? 왜 **이** 마음은 **이** 몸과 연결되며 또 다른 어떤 몸과도 연결되지 않는가?

속성 이원론자는 마음과 몸이 별개라는 것을 부인한다. 왜냐하면 마음은 물리적인 것이기 때문이다. 그래서 마음과 몸은 멋지게 상호작용할 수 있다. 물리적 실체와 비물리적 실체는 상호작용할 수 없어도 마음은 비물리적이지 않고 물리적이다. 그러나 마음은 비물리적 속성들을 **지닌다.** 그런데 이러한 속성들 그 자체로는 몸에 영향을 미치지 않는다.

모든 것이 제자리에 있는 것 같아 보인다. 그러나 이 옥에는 큰 티가 있다. 비록 추상적인 삼각형과 미적 속성들이 실제로 영향을 주지 않는다는 게 참일 수 있어도, 마음의 경우 생각이나 느낌과 같은 심적 속성들은 거의 확실하게 영향을 발휘한다. 의도, 사전계획, 또는 **범행 의도**mens rea, 즉 뭔가 심적인 '범죄 의사guilty mind'('멘스mens'는 라틴어로 마음이며 그로부터 영어의 '마음mind'과 '심적인mental'이 파생된다)는 범죄의 특정 부류, 특히 살인을 입증하는 데 필수적인 요소이다. 마음에 있는 악한 의도는 불법 행위를 초래하는 범죄 의사의 속성으로 간주된다. 그런데도 물리주의적 속성 이원론자는 이런 점들을 설명할 방법이 없다.

3. 평행론

그러나 또 다른 이원론적 가능성인 평행론parallelism이 있다. 이 견해에서, 마음과 몸은 별개이나 상호작용하지 않는다. 우리는 마음과 몸이 서로 독립적으로 존재할 수 있다는 명제와 몸은 물리적이고 마음은 비물리적이라는 명제도 수용하면서, 이와 동시에 그들이 상호작용한다는 명제를 거부하는 이원론을 받아들일 수 있다. 우리가 줄 수 있는 좋은 이유 하나는 "물리적인 것과 비물리적인 것은 상호작용**할 수 없다**"이며, 왜 이것이 그렇게 매력적인 명제인지는 엘리자베스 공주와 가상디가 행한 논증들을 다루면서 정확히 보았다. 마음은 비물리적인 것이고 몸은 물리적인 것이라는 추가 전제들이 주어지면,

"물리적인 것과 비물리적인 것은 상호작용할 수 없다"에서 "마음과 몸은 상호작용할 수 없다"가 간단히 **추론**된다. 우리는 다음에 도달한다.

(1) 마음은 비물리적인 것이다.

(2) 몸은 물리적인 것이다.

(4) 물리적인 것과 비물리적인 것은 상호작용할 수 없다.

해결책들이 그렇듯이, 이것도 다른 어떤 것만큼이나 논리적으로 호소력 있고 성공적이다. (1), (2), (4)로부터 마음과 몸은 상호작용**할 수 없음이** 확실히 도출되며, 따라서 그들은 상호작용**하지 않는다.** 그러나 그러면 우리는 상호작용**하는** 현상을 어떻게 설명해야 하는가? 어떤 이는 마음과 몸이 상호작용하지 않는다는 가정이 믿음을 왜곡한다고 생각할지 모른다. 심-신 상호작용이라는 사실은 부인할 수 없을 정도로 너무 흔하고 친숙하기 때문이다. 예를 들면, 알코올이 심적 상태에 미치는 영향이 있다. 여러 종류의 약물은 말할 것도 없다. 마음이 몸에 미치는 영향이 있다. 의도적 행위의 경우들이 가장 분명하지만, 소위 불행한 물리적 결과를 낳는 맹목적 분노와 같은 심적 상태의 경우도 있다. 정신의학과 심리학은 양 방향의 상호작용 사례들로 가득하다.

평행론은 이 모든 것에 대하여 무슨 말을 해야 하는가? 놀랍게도 이런 사례들은 평행론의 견해를 전혀 위협하지 않는다. 평행론자는 마음과 몸 사이의 **상호작용**interaction은 없더라도 우리가 상호작용이 있다고 생각했던 경우는 언제나 몸에서 일어난 것과 마음에서 일어난 것 사이에 **상관관계**correlation가 있다고 간단히 주장할 수 있다. 맥주를 마시면 마음의 몽롱함이 **따르거나** 또는 마음의 몽롱함과 연관된다. 그런데 이것은 잘 확립된 경험적 사실로서 상호작용론과 평행론과 관련하여 중립적이다. 평행론자에 의하면, 우리가 하면 안 되는 것은 맥주를 마음으로 비우는 몸을 상상하거나, 또는 똑같이 터무니없지만 신경세포들을 마음으로 발화시키는 몸을 상상하거나, 아니면 문자적 의미에서 물리적 메시지들을 직접 마음으로 보내는 몸을 상상함으로써 우리가 몸에서는 물론 마음에서도 터지는 전기 신호들에 대한 터무니없는 상상을 하는 것이다. 마음은 비물리적이고 전기 신호들은 물리적이기 때문에, 우리는 그런 사건을 그려낼 어떤 방법도 없다. 그러면 우리는 공간에 위치하지 **않는** 어떤 것(마음)이 공간에 위치**하는** 대상들(신경세포들로부터 온 신호들)을 담고 있다고 상상하고 있을 것이다. 에이어A. J. Ayer가 관찰한 바와 같이,

생리학자의 이야기는 그 자체로 완전하다. 그 이야기의 출연

자들은 신경세포, 전기충격 등등이다. 감각들, 생각들, 감정들, 심적 놀이의 그 밖의 **등장인물들** 같은 전적으로 다른 출연자들을 위한 자리는 없다. …… 신경 자극에 의한 전기적 흥분의 행렬에는 심적 출연자들이 개입할 여지를 남길 그런 일시적 틈도 없다. 즉, [심적인 그리고 물리적인] 두 이야기는 섞이지 않을 것이다. 그것은 덴마크의 왕자 없이 **햄릿**Hamlet을 연출하려는 것이 아니라 티레Tyre의 왕자인 페리클레스Pericles로 **햄릿**을 연출하려는 것과 같다. 각각은 어떤 현상들에 대한 해석이며 그것들은, 어떤 조건들에서, 그중 하나가 참일 때 다른 하나도 또한 참이라는 사실에 의해 연결된다.[3]

처음 테트라드의 명제 (4)에서 주장된 물리적인 것과 비물리적인 것의 **상호작용** 불가능성은 물리적 몸과 비물리적 마음속 사건들의 **상관관계**를 막지 않는다. 평행론자가 반대하는 것은 전기적 자극들이나 신경 활동이 문자 그대로 옆걸음질 쳐 마음 바로 옆으로 다가와, 근접한 곳에서, 마음과 상호작용한다는 생각이다. '문자적 근접성literal proximity'이 공간적 연속성이라면, 마음에 대한 문자적 근접성은 있을 수 없다.

심-신 문제의 역사에서, 평행론은 부분적으로 데카르트의 상호작용적 이원론이 작동할 수 없던 이유들에 대한 생생한 자각의 결과로 발생했다. **이원론**은 **상호작용**을 불가능하게 만들었고, 그래서 심-신 문제가 탄생했다. 평행론자들은 이원론에 전념했다. 그래서 무엇이 남았는가? 그들은 단지 이원론이 참이기 때문에 마음과 몸이 상호작용할 수 **없었을** 것이라 생각했다. 그러나 마음과 몸은 동시에 — 말하자면, 동기화되어 작동하는 것처럼 보인다. 커피를 마시고 싶은 욕구가 마음에 일면 그 다음에 몸이나 몸의 일부가 나가서 커피 잔을 집는다. 그 다음 마음이 "충분해, 됐어"라고 자기에게 말하고, 몸은 더 이상 커피를 들이키지 않고 컵을 내려놓는다. **그렇다면** 왜 몸은 정확히 그 순간에 그렇게 하는가? 마음은 어떻게 몸이 커피를 마시는 것을 멈추게 **만들었는가?**

인과적 상호작용은 평행론자들이 말했듯이 곧 동기화syn-chronization**이다.** 이 아이디어에 대한 가장 유명하고 색다른 은유는 17세기와 18세기 프랑스에서 평행론의 후기-데카르트주의적 흐름에서 나타났다. 그것은 동시에 치고 때리는 두 시계의 이미지로서 그 당시 존재했던 질서와 조화에 대한 프랑스인의 욕구를 충족시켰다. 평행론자들은 함께 완벽하게 시간을 맞추는, 동기화된 두 개의 시계를 상상하도록 안내한다. 하나가 세 시를 치면 다른 시계도 세 시를 친다. 우리가 그것들 간에 약간의 시간 지연을 상상할 수 있다면, 먼저 치는 시계가 두 번째 시계를 치게 **만든다**고 생각하고 싶을 수가 있다. 이것은 곧 거짓된 추론일 것으로 실제로 이름이 있는 오류이다. 시간의 전후 관계를 인과관계와 혼동한 오류로서, **이것 이후에 그러므로 이것 때문에, 또는 이것 다음에 일어났기 때문에 이것이 원인이다**post hoc ergo propter hoc, or after this therefore because of this.

라이프니츠Leibniz는 17세기와 18세기에 가장 유명한 평행론 자이다. 그는 진자시계의 발명자인 그의 스승 호이겐스Huygens (그는 데카르트의 제자다)가 관찰했던 잘 알려진 현상에 의해 감명 받았을 것이다. 호이겐스는 아파서 누워 있는 동안 한 상자에 장착된 두 시계의 진자들이 항상 동기화되어 끝난다는 것을 알아차렸다. 비록 서로 ('반동기화된') 반대 방향일지라도, 진자들은 그들의 출발점과 관계없이 그가 "이상한 종류의 공감odd kind of sympathy"이라 말했던 것을 보여주었다. 시계들은 어떻게든 서로 조절하고 있었는데, 어떻게 그런 것인지는 2002년까지 수수께끼로 남아 있었다. 그 해 조지아 공과대학교의 과학자 팀은 이 현상을 진자들이 서로 간섭하는 경우에 생기는 작은 진동들에 근거한 세련된 수리물리학적 모델로 설명할 수 있었다.[4] 호이겐스는 그 현상이 시계 상자 속 작은 운동들에 의해 야기된다고 의심했지만 증명할 수는 없었다. 실험적으로 공기의 운동을 배제한 후 조지아 공과대학교의 과학자 팀은 그가 옳았음을 증명했다.

그런데 라이프니츠는 그 생각을 상당히 더 진전시켰다. 마음과 몸은 정말 **마치** 동기화된 것처럼 행동한다. 그러나 마음과 몸은 문자 그대로 서로에게 영향을 주지는 않는다. 왜냐하면 그에게 동기화는 곧 인과관계이기 때문이다. 초기 현대 철학의 용어로 말하면, 아무 것도 '실체'로 들어가거나 '실체'로부터 나올 수 없었는데, '실체'는 진정으로 통일된 개별적인 것이고, 바로 이 점에서 오히려 분할할 수 없는 원자와 같다. 라이프니츠의 은유로 말하면, 개별적인 것은 "창이 없다". 그에 따르면 '심적 진자'와 '물리적 진자'의 행동은 — 다행히 반동기화 되어 있지 않고 — 동기화되어 있지만, 상호작용에 의한 것은 아니다. 동기화는 그것들이 처음 신에 의해 창조됨과 더불어 실체들의 '완전한 개별적 개념들'로부터 출현하는데, 이 개념들에는 미래에 그들에게 일어날 모든 것이 상세히 나와 있다. 당연히 이 견해는 라이프니츠가 의욕적으로 관심을 갖던 주제인 의지의 자유에 영향을 미쳤다. 그렇지만 우리의 관심은 우리가 관찰한 것이 온갖 종류의 놀라운 동기화들을 나타내도록 전 우주가 정렬되어 있다는 사실에 있다. 이런 동기화들은 우주의 법칙들을 구성하고 또한 시간이 지남에 따라 가능한 최선의 우주가 생기도록 설계된 또 다른 모든 동기화와 더불어, 마음과 몸의 동기화를 포함하지만 이에 국한되지 않는다.

라이프니츠의 견해와 소위 기회원인론자들occasionalists의 견해 사이에는 큰 차이가 있다. 기회원인론자들은 평행론이 참이라는 견해를 취하지만, 몸의 물리적 사건들은 신이 마음에서 행동하는 기회occasion이며 그 반대도 마찬가지라는 견해를 취했다. 라이프니츠보다 앞서 평행론을 설명하기 위해 두 시계의 비유를 사용했던 휠링크스Geulincx 같은 기회원인론자들은 신의 절대적 힘에 감명 받았고, 우리의 모든 행위와 그 밖의 세상 모든 행위를 그 동기나 동력이 신God인 행동으로 만들기를 원했다. 이런 비상식적이고 믿기 어려운 견해는 그것이 그 시대의 종교적 신앙을 보여주는 증거인 만큼, 그리고 그들의 이성이 이끄는 곳이나 이끌어 가는 것처럼 보이는 곳까지 따라 가는 기회원인론자들의 헌신에 대한 증거인 만큼, 오래 살아남았다. 반면에 라이프니츠가 지적했듯이, 마음과 몸이 상호작용할 때마다 끊임없이 요구되는 신의 행동은 너무 열심히 일하는 신으로 귀결되며, 이는 철학적 절약이라는 이유와 단순함과 경건을 향한 신학적 추구라는 이유에서는 물론 종교적 이유들로도 받아들일 수 없는 것이다.

4. 보존법칙들의 역할

평행론자들처럼 마음과 몸의 상호작용을 부정하고 싶은 사람들을 대신하여 상호작용에 대한 역사적으로 중요한 또 다른 점을 확실히 할 필요가 있다. 그것은 물리학의 보존법칙들과 관련된다. 물리학에서 그 어떤 것보다 더 잘 확립된 것처럼 보이는 법칙들 중 질량과 에너지 보존 법칙에 의하면, 시간이 지나면서 변하는 '닫힌' 시스템에서는 그 시스템의 질량 또는 에너지의 총합은 일정하다. 시스템 전체는 질량이나 에너지를 얻지도 잃지도 않는다. (질량 없는 입자들이 존재하지만 그것들은 반드시 약간의 에너지를 가지고 있다. 에너지는 주파수의 함수이기 때문이다.)

인간 몸이 닫힌 물리적 시스템이라고 가정하자. 다시 말해, 그것은 자신이 담고 있는 물리적 에너지와 질량 때문에 그렇게 행동하고, 외부 에너지의 영향들로부터 절연되어 있다. 이것은 "물리적인 것의 인과적 폐쇄성"이라 불려왔다. 우리가 시스템 안의 무엇이라도 바꾸고 싶다면, 우리는 시스템 안에 이미 있는 에너지를 사용하거나 아니면 외부로부터 에너지를 도입해야만 한다. 만약 우리가 그 시스템 안의 에너지를 사용한다면, 마음은 몸 안에 있지 않기 때문에 몸에 아무런 영향을 미칠 수 없다. 만약 우리가 시스템 안에 이미 있는 에너지를 사용하지 않으면, 질량과 에너지는 보존되지 않거나 아니면 시스템이 닫혀 있지 않다.

그런데 만약 마음이 몸의 변화에 영향을 준다면, 그것은 물리적 에너지를 몸 안으로 도입해야만 할 것이다. 그러나 우리의 첫 번째 명제에 의하면, 마음은 비물리적이며, 그래서 그것은 물리적 에너지를 소비할 수 없다. 여기에서 우리는 보존된 질량과 에너지가 심-신 문제의 첫 번째 공식화에서 선형적 차원이 했던 것과 똑같은 역할을 하고 있음을 볼 수 있다. 비물리적인 것이 선형적 차원과 공간적 위치를 결여한다는 점이 물리적인 것과 비물리적인 것을 상호작용할 수 없게 만든다. 그런데 질량이나 에너지를 물리적인 것을 정의하는 특징으로 만들어도 똑같은 결과가 나온다. 물리적인 것과 비물리적인 것은 상호작용할 수 없다. 몸은 비물리적인 에너지를 받아들이지 않을 것이며, 마음은 물리적 에너지를 받아들이지 않을 것이다. 두 경우 모두 물리적인 것의 인과적 폐쇄성 때문이다.

네 명제의 버전들은 심-신 문제가 논의될 때 항상은 아니어도 종종 보인다. 보존 법칙들이 쟁점일 때는 특수화된 형태로 등장한다. 예를 들어 어니 르포어Ernie Lepore와 배리 로워Barry Loewer[5]는 심-신 문제를 다음 세 명제들을 서로 잘 어울리게 하려는 어려움으로 표현한다.

(5) 마음과 몸은 별개이다.

(3b) 심적인 것과 물리적인 것은 인과적으로 상호작용한다.

(4b) 물리적인 것은 인과적으로 닫혀 있다.

대충 말하자면, (1) "마음은 비물리적인 것이다"와 (2) "몸은 물리적인 것이다"는 (5)를 허락하며, 명제 (3b)는 명제 (3) "몸과 마음은 상호작용한다"와 같이 작용하고, (4b)는 심적인 것과 물리적인 것은 상호작용할 수 없다는 (4)를 내포한다. 문제는 물리적인 세계는 물리적이지 않은 어떤 것에로도 저절로 접근할 수 없는데, 어떻게든 물리적이지 않은 심적인 것과 상호작용해야만 한다는 것이다. 마찬가지로 심적인 세계도 심적이지 않은 어떤 것에도 저절로 접근할 수 없는데, 어떻게든 심적이지 않은 물리적인 것과 상호작용해야만 한다. 물리적인 것에 닿을 수 없는 마음의 무능과 심적인 것에 닿을 수 없는 몸의 무능을 서술함은 질량과 에너지 보존 법칙의 존재를 진술하는 하나의 방법이고, (4b)가 그 결과이다. "인과적으로 닫혀 있다"는 물리적 세계의 밖 또는 닫힌 물리적 시스템 밖의 원인들에서 오는 에너지나 질량은 그것 안으로 들어갈 수 없다는 것, 그리고 그것은 자신이 지닌 에너지와 질량의 총합을 고갈시키는 그런 방식으로 외부의 비물리적 시스템에 에너지와 질량을 기부할 수도 없다는 것을 의미한다.

당연히, 마음이 물리적이라면 몸과 마음은 닫힌 시스템으로 기능할 수 있고, 보존 법칙으로 인한 어려움도 없다. 이는 마음과 몸이 물리적으로 별개라는 (5)를 부정하는 것에 해당하는데, 물리주의자에 의하면 그것들은 물리적으로 별개가 아니다.

물리학이 보전에 대해 말해야만 하는 것을 감안하면, 사용할 수 없는 유일한 옵션은 (4b)의 부정이다. 따라서 물리주의자는 (5)를 부정하고 (3b)를 긍정한다. 이는 심적인 것은 물리적이라는 흥미로운 주장, 또는 마음은 비물리적이라는 주장의 부정을 포함한다. 반면에 평행론자는 마음과 몸은 정말로 별개인데 그것들은 평행적이고 상호작용하지 않는 영역들을 차지하고 있다고 말하면서, (4b)는 긍정하고 (3b)를 부정할 것이다.

지금까지의 교훈은, 우리는 상호작용론자가 아니라 평행론자나 물리주의자이어야 한다는 것이다.

5. 부수현상론, 창발론, 수반

19세기 말에 특히 인기가 있던 이원론의 또 다른 형태가 있다. 그것은 최근에 좀 더 세련된 형태들로 소박하게 부활했는데, 실제로 믿을 만한 견해라기보다 아마 연구의 대상으로 부활했을 것이다. 그리스어에서 유래한 강력한 이름으로 알려진 **부수현상론**epiphenomenalism은 심적 사건들과 마음은 '부수현상'이라고 주장한다. '에피 Epi-'는 '경우에' 또는 '추가로'를 의미하는 그리스어 접두사이다. '현상 Phenomena'은 나타나거나 일어나는 것들이며, 따라서 부수현상은 기본적 현상에 **추가**로 나타나는 것이다. 모두는 아니어도 대부분의 부수현상론자에게 기본적 현상은 물리 세계의 현상이며, 심적 현상이나 사건들은 물리적 현상에 동반한다. 부수현상론은 물리적 사건은 심적 사건을 야기하지만 심적 사건은 물리적 사건을 야기하지 않는다는 견해이다.

그림자와 비교해 보면 분명하다. 내가 두 손을 잘 말아 올리면 독수리 머리처럼 보이는 그림자를 벽이나 스크린에 드리울 수 있다. 그림자는 내 손에 달렸지만 내 손이 하는 것은 그림자가 하는 것에 달려 있지 않다. 화면의 독수리가 부리를 열고, 말하며, 내 손가락을 움직이게 만드는 것은 재미있을 것이나 물리적으로 어려울 것이다. 스크린에 투사된 독수리의 이미지는 **그저** 그림자일 뿐이다.

심적 사건이 물리적 사건을 야기하며 그 반대는 아니라는 역전된 부수현상론적 견해를 지지하거나 주장했던 사람은 거의 아무도 없으며, 그 이유는 상당히 명백하다고 생각한다. 우선 한 가지 이유는, 뇌 손상처럼 생각해 볼 만한 분명한 현상들이 있다. 그러나 더 깊은 차원에서 부수현상론자들은 엄격한 물리주의자가 되고 싶지만 오로지 심적인 사건들의 존재를 부정할 그들의 방도를 찾을 수 없는, 그럼에도 또한 심적 사건이 과연 어떻게 존재할 수 있는지도 알기 어렵다는 것을 아는,

그런 물리주의자들이다. 부수현상론자들은 그들의 물리주의를 신봉하면서 심적 사건들의 중요성과 인과적 힘을 사물들의 물리적 도식에서 가능한 한 격하시킨다.

그럼에도 부수현상론자들이 정말로 내심 물리주의자라면 그들은 일관성이 없는 자들인데, 왜냐하면 부수현상론은 순수하게 심적인 사건들의 존재를 인정하기 때문이다. 부수현상론자들은 심적 사건들은 존재한지만, 물리적 사건들과 달리 인과적 힘이 없다고 주장한다.

빅토리아 시대의 생물학자 토머스 헨리 헉슬리Thomas Henry Huxley에 의하면, 우리의 의식은 "몸의 메커니즘"의 "부수적 산물"이며 "기관차 엔진의 작동에 동반하는 기적 소리처럼 몸의 작동을 조절하는 어떤 힘도 전혀 없다".[6] 의욕도 물리적 변화들을 "나타내는" 감정이지 그것들의 "원인"이 아니다.

헉슬리의 기적 소리 비유에는 명백하게 잘못된 점이 있다. 왜냐하면 기적을 못 울리도록 할 게 아무 것도 없기에 기적이 울릴 때마다 증기는 열차를 멈추게 하는 전기회로에 연결된 팬을 작동시키고, 기적이 울리지 않을 때 기차는 정상속도로 돌아가기 때문이다. 그렇다면 기적은 명확하고 특정할 수 있는 물리적 효과들을 가지며, 이런 종류의 인과적 고리를 막을 수 있는 것이 물리적 세계인 자연에는 없다.

마음이나 의식이나 영혼의 경우, 헉슬리는 인과적 고리를 배제할 것이다. 하지만 왜 불가능한가? **어째서** 마음은 인과적 자동력이 없는가? 헉슬리는 이 문제를 고심하지 않지만 부수현상론을 속성 이원론 방향으로 강하게 밀어붙이는 것처럼 보인다. 왜냐하면 전혀 아무런 영향도 끼칠 수 없는 것은 정말로 이상한 것, 이상한 실체이기 때문이다. 속성이 실체보다 인과적 무기력에 더 적합해 보인다. 그렇다 하더라도 누군가는 **더움**being hot 이라는 속성이 내가 **마실 것을 원함**wanting a drink이란 속성을 갖도록 야기할 수 있다고 생각할 수도 있다. 어째서 나에게 **마실 것을 원함**이란 속성이 있는가? 왜냐하면 나에게 **더움**이라는 속성이 있기 때문이다.

우리는 부수현상론이 이원론의 한 형태라는 사실을 분명히 명심해야만 한다. 그것은 마음과 몸의 상호작용을 허용하되 심적인 것에서 물리적인 것으로의 한 방향으로만 허용하며 반대 방향으로는 허용하지 않는다. 그러나 아직도 여기에 모순이 있다. 말하자면, 부수현상론은 심-신 문제를 원래 크기의 절반으로 줄였지만 남은 것 하나 하나가 원래 크기의 버전만큼이나 다루기 힘들다. 우리는 몸에 작용하는 마음을 다룰 필요는 없다. 그러나 마음이 비물리적이며 또한 물리적인 것이 비물리적인 것에 작용할 수 없다면, 몸은 어떻게 마음에 작용할 수 있는가? 사실상 나는 부수현상론이 임시변통의 심리철학이지 심-신 문제에 대한 진정한 해결이라고 생각하지 않는다. 이는 어째서 철학자들이 전반적으로 부수현상론에 관심이 적은지 또한 어째서 그것이 심리철학의 한 저자(스테판 로 Stephen Law)에 의해 "부수현상론의 저주"로 언급되었는지를 설명할 수 있을 것이다.[7]

창발론emergentism은 물리적인 것이 우세하고 심적인 것은 일종의 부산물이라는 의미에서, 부수현상론과 거의 같은 종류의 심-신 관계에 대한 견해이다. 그러나 그 두 견해의 차이점이 무엇인지를 아는 게 중요하다. 부수현상론은 독립된 두 종류의 사건들이 존재하며 그것들은 인과적으로 관련된다는 일종의 이원론이다. 창발론에서 심적인 것과 물리적인 것과의 관계는 훨씬 더 밀접하다. 창발론은 다음 장에서 물리주의의 한 형태로 논의되어야만 할 것이나, 나에게는 부수현상론과 창발론과의 비교와 대조가 흥미로워 보인다.

요즈음 심-신 문제의 중심에는 A 델타(δ) 또는 C 섬유 자극으로 활성화되는 뇌 영역들에서 출현하는 것이 어째서 **통증**pain이어야만 하는가에 대한 수수께끼가 존재한다. (A 델타 섬유들은 예리하고 날카로운 통증과 관련이 있으며, C 섬유들은 둔하거나 타는 듯한 통증과 연관된다.) 그러나 창발론자들에 의하면, A 델타나 C 섬유 자극으로 활성화되는 뇌 영역들에서 궁극적으로 출현하는 것이 어째서 **통증**인지, 즉 어째서 전적으로 다른 어떤 것이 아닌지에 대한 질문에 **대답은 아예 존재하지 않는**

다. 통증은 섬유들의 자극으로부터 16온스는 1파운드라는 식으로 출현하지 않는다. 그러나 그렇다면 도대체 통증이 섬유들의 자극과 어떻게 관련되어 **있는지** 궁금하다. 그래서 통증은 그것들로부터 **창발**emerges한다는 답이 나온다.

창발론자들은 마음은 비물리적이라는 (1)을 받아들이며 또한 부정한다. 한편으로 마음은 물리적인데, 실제로 마음이 창발하는 그 구조들에 의해 추진되기 때문이다. 다른 한편으로 마음은 비물리적인데, 물리적인 것에서 '창발했기' 때문이다. 그러나 통증과 같은 참으로 새로운 속성들이 어떻게 섬유들의 자극으로부터 창발할 수 있는가? 그것들이 물리적인 것**으로부터** '창발'한다면, 그것들은 비물리적이다. 그러나 그것들이 진정으로 비물리적이라면, 그것들은 어떻게 '창발'할 수 있으며, 어째서 그럴 필요가 있는가?

창발론자들은 그들의 마음을 정해야만 할 것 같아 보인다. 만약 마음과 더불어 우리가 순수하게 새로운 현상, 즉 문제의 번데기에서 나비같이 창발한 비물리적이며 비공간적인 것을 갖는다면, 그것은 몸에 영향을 미칠 수 없는데, 왜냐하면 몸은 마음과 상호작용하기에는 전적으로 부적절한 종류의 속성들만을, 즉 물리적이며 공간적인 속성들만을 갖기 때문이다. 우선 이 관점에서는 마음이 어떻게 창발할 수 있을지 알기 어려운데, 왜냐하면 창발하면서 그것은 그 자신을 공간적인 것으로 만들기 때문이다. 반면에 만약 새로운 현상이 물리적이고 공간적인 현상들에 완전히 의존하며 또한 그것들과 맞물릴 수 있다면, 어떻게 이 새로운 현상이 **결코** 그것들이 **아닌지**를 보기 어렵고, 따라서 어떻게 그것이 전혀 새롭고 창발적인 속성이 아닌지도 보기 어렵다.

창발론자들은 마음이 뒤돌아서서 물질에 무엇인가 **할 수** 있다는 사실을 받아들지만, 마음이 '창발'했고 물리적이지 않다면 이것이 **어떻게** 일어날 수 있는지를 설명하지 않는다. 만약 마음이 비물리적인 것으로 창발했다면, 우리는 그 다음 그것이 물리적인 것과 상호작용할 수 있는 방법을 이해할 필요가 있다. 이는 곧 심-신 문제이다.

어떤 것이 어떻게 그저 그것의 기본 속성들일 뿐이면서 동시에 뭔가 새로운 것, 즉 기본적 속성들에 추가적인 것일 수 있는지를 이해하는 데 도움을 주는 듯이 보이는 개념이 있다. 많은, 심지어 대대수의 창발론자들은 **수반**supervenience 개념을 사용했으며 그것이 심-신 관계에 던져주는 빛에 감사해 왔다. 이러한 창발론자들에 의하면, 마음은 몸에 **수반한다**.

수반 개념은 어렵지만 주요한 생각은 이와 같다. 속성 A가 속성 B에 수반한다고 가정하자. 예를 들어, 어떤 기하학적 또는 미적 속성 A는 기본 속성들의 집합 B, 즉 이러저러하게 닫힌 도형이나 이러저러한 색깔, 선, 형태와 같은 공간적 도형이나 그림의 속성들에 수반한다. B에서의 변화 또한 없다면 A에서의 변화가 있을 수 없을 때 A는 B에 수반한다고 한다. 물리적 속성들은 변하지 않는 데 그림의 미적 속성들이 변한다고 추정할 수 없다. 미적 속성들이 달라지려면 마찬가지로 물리적 속성들도 달라져야 한다. 이 의미에서 A-속성들은 기본 속성들에 의해 생성된다고 말할 수 있다.

수반 개념을 사용하는 창발론자들은 명제 (2) "몸은 물리적이다"를 믿지만 명제 (3) "마음과 몸은 상호작용한다"를 기각할 것이다. 대신에 그들은 마음이 몸에, 더 구체적으로는 적합한 종류의 조직을 가진 몸의 일부, 즉 뇌에 **수반한다**고 말할 것이다.

그럼에도 (3)에서 공인된, 인간의 마음과 의식이 지닌 일종의 인과적 힘이 있는 것처럼 보인다. 마음은 몸과 상호작용하는데, 말하자면, 마음은 물리적 세계에 영향을 미친다. 창발론은 더 세련된 수반 개념을 사용하더라도 이 인과적 힘을 정당화할 수 없다. 그 이유는 창발론이 실제로 물리주의의 한 형태이며, 철학자들이 '심적 인과'라 부르는 것을 수행할 수 없는 매우 약화된 형태를 제외하고는 비물리적인 것의 존재를 부정하려 하기 때문이다.

창발론이 그렇게 인기 있는 견해가 아닌 이유는 그것이 그리 분명하지 않기 때문이다. 한편으로, 마음은 '창발한다'. 그

리고 심적 인과에 관여한다. 다른 한편으로, 마음은 그것이 수
반하는 아래로부터 오는 힘들의 피조물이며, 어떤 종류의 인
과적 힘에도 이르지 못한다.

3

마음에 대한 물리주의적 이론들

1. 행동주의

　이원론의 문제점들을 고려하면, 심-신 문제에 대해 단연코 가장 수월한 해결책인 물리주의에 유혹될 수도 있다. 이 견해에서는 존재하는 모든 것이 물리적이다. 따라서 만약 마음이 어떤 것이라면 그것은 물리적인 것이다. 마음은 비물리적인 것이라는 명제 (1)이 거짓이라면, 그래서 모든 것이 물리적이라면 심-신 문제는 해결된다. 마음은 물리적인 것이며, 그래서 마음이 몸을 포함한 또 다른 물리적인 것들과 상호작용하지 못하게 막을 수 있는 것은 아무 것도 없다. 그렇지만 이 견해에서 물리적인 것과 비물리적인 것이 상호작용할 수 없다는 것은 참으로 남아 있다. 그러나 문제없다. 비물리적인 것들은 존재하지 않기 때문이다.

　다 좋다. 그러나 마음이 **어떤 식으로** 물리적일 것이라 생각하는가? 상이한 많은 가능성들이 있다.

　행동주의behaviorism는 심적인 것은 행동적인 것이라는 견해이다. 마음은 행동이다. 몸의 행동이라는 관점에서 고려하면 마음은 몸이다. 일부 강경한 행동주의자들은 행동 너머에 있는 마음과 심적 사건들의 존재를 부정하는 데에까지 나아갔다. 마음은 없고, 오직 행동만이 있을 뿐이다. 이는 매우 단순하지만 상당히 극단적인 견해로서 철학자나 과학자 사이에서 그다지 많은 호의를 받지 못했다. 우리는 우리의 생각과 감정들인 우리 자신의 심적 상태에 익숙한데, 그것이 아무것도 아니라는 점이 문제의 일부이다. 문제의 또 다른 부분은 마음에서 몸으로 가는 상호작용의 명백한 사례들이 있는 것 같다는 점이다.

두 번째로 좀 더 합리적인 행동주의의 견해는 이런 입장을 취했다. 우리는 마음과 심적 사건을 과학적 관점에서 연구해서는 안 되는데, 왜냐하면 그것들은 직접적으로 관찰될 수 없기 때문이다. 그것들의 존재는 인간 주체의 외적인 행동으로부터 추론되어야만 한다. 이것은 소위 가장 강한 입장은 아니다. 왜냐하면 과학에서 연구되는 많은 존재자들은 직접적으로 관찰될 수 없지만, 우리는 그것의 영향으로부터 그것의 존재를 추론하기 때문이다. 전기가 그 예이다. 예를 들어 우리는 번개를 관찰하거나, 맥스웰 방정식을 이해하거나, 라디오가 어떻게 작동하는지를 이해함으로써 전기에 대해 알아간다.

그럼에도 불구하고 과학은 오직 직접 관찰 가능한 것만을 그 주제로 삼아야만 한다는 대담한 주장이, 20세기 초 과학 지향적인 많은 사람들과 맞지 않았던 철학에 만연된 종교 지향적인 이원론의 분위기에서, 심리학을 대신하여 어떻게 진전될 수 있었는지는 이해할 수 있다. 이 주장은 분명히 그 관찰 가능하지 않은 대상이 존재하지 않는다는 말과는 매우 다르다.

훨씬 더 합리적으로 변형된 행동주의는 보통 말하는 그런 마음은 흥미롭지도 중요하지도 않으며, 마음의 연구는 행동에 대한 연구로 대체되어야 한다는 견해이다. 이 견해에 무엇이 직접적으로 관찰 가능한지에 대한 언급은 없다. 이는 "나는 마음보다 행동에 더 관심이 있다"라는 말과 비슷하다. 물론 당신이 마음보다 행동에 더 관심이 있다는 것이 참이라면 이것은 반박하기가 불가능한 견해이다. 그러나 당신이 보통 말하는 마음에 더 관심을 **가져야만** 하는지, 또는 그 연구가 당신에게 도움이 될 수 있을지에 대한 물음은 여전히 남는다.

그런데 더 합리적인 이 세 번째 입장은 심-신 문제를 과학이 만족할 만한 방식으로 해결하거나 **진술하는** 것을 불가능하게 만들 것이다. 우리는 마음을 연구하거나 이야기하면 안 되기에, 결국 우리는 무슨 과학적 권위로도 마음은 비물리적인 것이라거나 또는 사실상 물질적인 것이라고 말할 수 있는 위치에 결코 있을 수 없을 것이다. 마음은 비물리적이라는 우리의 첫 번째 명제가 참일지 거짓일지를 적극적으로 추구해서는 안 된다. 왜냐하면 그것의 참과 거짓은 절대로 이야기해서는 안 되는 것이기 때문이다!

그러나 네 번째 형태의 행동주의가 있는데, 앞선 세 형태들보다 더욱 호소력 있다. 그것은 마음에 관한 모든 명제는 행동에 관한 명제로 '번역'될 수 있다는 의미에서, 마음은 행동이라는 견해이다. 예를 들어, 내가 "나는 피곤하다"고 말한다면, 나는 내적 나른함이 있음을 보고하는 것이 아니라, 일을 멈추고 누워서 눈을 감고 쉬는 등등의 경향이나 성향이 있음을 보고하고 있다. 이런 모든 것들은 외적 행동으로서, 타인에 의해서 그리고 과학이나 보통의 관찰 범위에서 충분히 관찰 가능하다.

길버트 라일Gilbert Ryle은 1949년 영향력 있는 저서 『마음의 개념The Concept of Mind』에서 다음과 같이 서술한다.

> 우리가 사람들이 마음의 자질들을 발휘한다고 묘사할 때, 우리는 외적 행위와 발언들이 그것들의 결과인 신비적 일화들을 언급하고 있는 게 아니다. 우리는 그런 외적 행위와 발언들 자체를 언급하고 있다.[1]

라일의 저서에서 거의 몇 개 없는 이 같은 구절을 읽으면 그가 행동주의자가 아니었다고 믿기 어렵다. 실제로 그가 "확실히 내 발 하나는 상당히 단단하게 이 장화를 신고 있다"고 쓸 때 그는 그 저서를 언급했다.[2] 그럼에도 불구하고 더 많은 이야기가 있다. 라일은 위의 구절에서 우리가 마음에 대해 말할 때 "우리는 신비적 일화들을 **언급하고 있는 게 아니다**"(필자의 강조)라고 썼다. 그러나 그래도 역시 그가 이런 일화들의 **존재**를 부정하지 않는 경우가 있을 수 있다. 아마도 라일이 의미하는 것은, 우리가 어떤 사람이 피곤하다고 공개적으로 말할 때 우리는 타인에게 숨겨진 그 사람의 사적이고 내적인 피곤함이 아니라, 그가 일을 멈추고 누워서 눈을 감고 쉬는 등등의 그의 경향이나 성향을 '언급하고' 있다는 것이다. 이는 내적 감정이 존재한다는 것을 부정하는 것이 아니다. 6장에서 나는 라일 견해의 다른 측면, 즉 그가 말했던 '용해론dissolutionism'을 설명하고, 그가 혈기 왕성한 행동주의자로 간주될 것인지에 대한 질문을 다시 제기한다.

마음은 그저 어떤 종류의 행동**이라는** 생각은 무엇이 잘못되었나? 이 견해는 우리가 생각과 감정의 '내적' 삶으로 여기는 것, 즉 마음을 배제시키는 것으로 보인다는 게 한 가지 난점이다. 행동주의는 어떤 방식으로든 마음을 부정함으로써 심-신 문제를 해결한다. 우리는 마음 없이도 또한 그것의 감각과 지각, 색깔, 소리, 맛 또는 감각질의 풍부한 경험 없이도 행동을 일으킬 수 있다. 우리는 우리처럼 빨강 사물들에 반응하며 그것들을 집어서 먹지만 아마 색깔에 대한 경험은 지니지 않는 기계를 쉽게 상상할 수 있다. 그것은 마치 빨강을 본 것처럼 행동하지만 그 경험을 지니지 않는다. 이것은 "결여된 감각질 문제problem of absent qualia"로 불려왔다.

길버트 라일처럼 행동주의적 논증들을 펼치는 것 같아 보여도 그렇지 않은 또 다른 20세기 철학자들이 있다. 하나의 유명한 사례는 비트겐슈타인Ludwig Wittgenstein의 『철학적 탐구 Philosophical Investigations』에 있는 소위 사적 언어 논증의 "상자 속 딱정벌레" 부분이다. 우리 자신의 사적 느낌을 보고할 수 있는 언어는 존재할 수 없다고 비트겐슈타인은 주장한다. 그 안에 무언가가 담겨 있거나 아니면 아무 것도 없는 상자 하나를 모두가 가지고 있다고 가정해 보자. 아무도 어떤 사람의 상자 속을 들여다볼 수 없다는 규칙이 있다. 모두가 자기 상자 안에 있는 것을 '딱정벌레'라고 부른다. 그런데 누구의 상자 속에 무엇이 있는지에 대한 검사가 허용되지 않는 곳에서 '딱정벌레'라는 단어는 '딱딱한 앞날개를 가진 **초시류**Coleoptera의 유기체'라기보다 오히려 "무엇이건 아무개의 상자 속에 있는 것"을 의미하게 될 것이다. 그런데 비트겐슈타인은 자신이 상자들 속에 들어 있는 것들, 즉 느낌이나 감각의 존재를 부정하려고 하는 게 절대 아니라고 한다. 쟁점은 의미meaning이다.

행동주의는 마음이 비물리적인 것임을 부정함으로써 심-신 문제를 정말 너무나 쉽게 해결한다. 행동주의는 다만 명제 (1)을 부인한다. 따라서 이 시점에서 논의는 행동주의 자체가 얼마나 그럴듯한가에 대한 질문으로 바뀌어야 한다. 역사의 판단은 '그다지'라고 말하는 것이 타당할 것이다. 강력한 이유 하나는 위에서 언급된 결여된 감각질 문제이다. 또 다른 반대는 **전도된 스펙트럼**the inverted spectrum의 가능성과 그 밖의 다른 감각 양상들에 그것의 유사물이 있을 가능성이다. 우리는 체계적으로 올바른 방식으로 행동하지만 '그릇된' 경험들을 지닌 사람을 상상할 수 있다. 그들의 '내적 경험'은 모든 색깔들에 관한 것일지라도, 시야에서 그 색깔들의 위치는 우리의 위치와 정반대이다. 전도된 색 경험을 하는 주체들은 색 공간 도처에서 우리가 빨강을 보는 곳에서 청록-파랑을, 주황을 보는 곳에서는 파랑을 볼 것이다. 그러나 이런 사람들의 **행동**은 우리와 똑같을 것이다. 우리가 빨강을 보면서 그것을 '빨강'이라 부를 때 그들은 우리가 '청록'이라 부르는 것을 보면서 그것을 '빨강'이라 부르고, 우리가 청록을 보면서 '청록'이라 부를 때 그들은 빨강을 보면서 '청록'이라 부른다. 따라서 빨강의 경험을 한다는 것이 올바른 행동을 산출하는 문제가 될 수 없다. 전도된 스펙트럼을 앓고 있는 주체들은 우리가 하는 것처럼 빨강 주위에서 **행동**하고 심지어 그것을 '빨강'이라 부르지만 실제로는 청록-파랑색을 경험한다. 행동주의에 따르면, 그 주체들은 빨강을 **경험하고 있다**. 그러나 이는 거짓이다. 따라서 행동주의는 거짓이다.

행동주의에 반대하는 또 다른 압도적인 논증들이 있지만, 아마도 가장 압도적인 것은 정신의학, 심리학, 생리학에서 뇌의 사건들이 행동을 설명할 수 있음을 보여준 것이다. 예를 들어 시각 피질의 관련 부분들이 없거나 손상되면 색각color vision

이 영향을 받을 수 있으며, 우리의 행동은 시각 피질이 제대로 기능하는 사람의 행동과 같지 않게 된다. 두 차례의 세계 대전 중에 신경학의 증거와 병원들로부터의 증거가 쌓여갔다. 뇌의 상태는 마치 우리가 행하는 방식으로 우리를 행동하게 만드는 것, 아니면 적어도 허용하는 것으로 보이기 시작했다 ─ 그러나 이것들은 결코 같은 게 아니다. 1950년대에 뇌 속 행동에 대한 인과적 설명, 또는 어쨌든 비정상적 행동에 대한 인과적 설명에 대한 증거가 너무나 분명해졌을 때, 행동주의는 인기를 잃기 시작해서 매우 급속히 거의 모두 잃었다.

특히 골칫거리였던 것이 있었다. 행동주의에 따르면 심적 상태는 행동하려는 성향이다. 이 경우, 행동을 설명하는 것이 우리가 평소에 생각하듯 심적 상태라고 한다면, **우리는 행동을 그런 식으로 행동하려는 성향이라고 말해야만 한다!** 그러므로 몸의 행동을 심적 원인들로 설명함과 같은 것이 있다면 행동주의는 동어반복 ─ 사소한 진리 ─ 과 마찬가지이다.

2. 동일론

상황은 바뀌기 시작해서 1950년대 중반에 완전히 바뀌었다. 1956년에 플레이스U. T. Place가 선두로 논문을 발표하면서,

사람들이 행하고 경험하는 것에 대한 설명이 뇌에 있다는 생각에 점점 더 많은 철학자와 과학자들이 설득되었다. 특히 미국과 호주의 철학자들은 '심-신 동일론' 또는 줄여서 '동일론identity theory'으로 알려진 이론을 개진하기 시작했다. 그 이름이 시사하듯, 이 견해는 마음과 뇌, 또는 어쨌든 중추신경계의 관련 부분들이 같은 하나로서 동일하다는 주장이다. 여기에서도 또한 심-신 문제는 마음은 비물리적인 것임을 물리주의로 부정함으로써 단번에 해결된다. 모든 심적 사건은 신경계 안의 생리적 사건이다. 따라서 마음이 뇌라는 이론은 때때로 '중추-상태' 유물론으로 알려져 있다. 이는 마음을 중추 신경계로 만드는 유물론으로, 행동주의자들의 '말초-상태' 유물론과 구별된다.

이 이론을 옹호하자면, 뇌 손상의 결과들과 같은 신경학의 사실들을 고려할 때 상식적이라 할 수 있으며, 심리철학을 매우 단순화시킨다. 그러나 그것은 프랜시스 크릭Francis Crick이 1994년에 출판한 저서 『놀라운 가설astonishing hypothesis』에서 주장한 것처럼 결코 놀라운 가설은 아니다. 분명 중요하고 흥미롭지만 그렇게 놀랍지는 않다. 그것은 행동주의와 마찬가지로 마음이 비물리적임을 부정함으로써 단번에 심-신 문제를 해결한다. 마음에 관한 이 명제가 참이라면, 그 해결책은 이전처럼 흠잡을 데가 없다. 마음은 뇌이고 뇌는 물리적인 것이므로, 마음은 어려움 없이 몸의 나머지 부분과 상호작용할 수 있다. 하지만 우리는 해결책을 위해 본질적인 것을 놓치고 있다. 어떻게 물리적 속성들을 가진 물리적인 것이 심적인 것으로, 즉 물리적인 것의 어느 부분과도 양립할 수 없는 속성들을 지닌 것으로 바뀌었는가? 신경세포들이 전기 신호 또는 비눗방울 같은 것들이 아닌 마음을 산출하면서 발화할 때 그것들은 무엇을 가지고 있는가?

그 이론에 대한 반대에도 논리적이고 철학적인 어려움들이 있다. 중추-상태 유물론자들은 '마음'이란 단어가 '뇌'를 **의미한다**고 주장하지 않으며 그 주장에 얽매이지도 않는다. 이는 그들에게 다행인데, '마음'이 사실상 '뇌'를 의미하지는 않기 때문이다. 만약 의미한다면, 단어의 의미에 대한 주장은 중추-상태 유물론의 주요 주장(마음은 뇌이다)을 두 단어의 의미로 인해 필연적 참으로 만들 것이다. 그 주장의 참은 사전을 들여다보면 간단히 발견될 수 있었을 것이다. 그런데, 중추-상태 유물론자들은 마음이 무엇**인가**is를 의미의 문제가 아니라 경험적이며 사실적인 문제로 취급하였다. 크릭을 포함한 중추-상태 유물론자들은 유전자나 유전의 단위가 무엇이냐는 질문이 경험적이고 사실적이었던 것과 똑같은 방식으로 마음이 무엇이냐는 질문을 과학적으로 다루면서, 그들이 애호하는 질문으로 사용했다. 유전자는 DNA라고 밝혀졌다. 그러나 이는 '유전자'와 '데옥시리보핵산'이란 단어의 의미로부터는 알 수 없었을 것이다.

지금까지는 그런대로 좋았다. 그러나 그때 논리의 세계로부터 불편한 증명이 나타났다. 동일성은, 밝혀진 대로, 항상 필연적이다. a = b라고 가정하자. a는 다음과 같은 흥미로운 속성을 지닌다. 그것은 필연적으로 그 자신, a와 동일하다. 이 마지막 문장을 취하면 a는 필연적으로 a와 동일하다. 두 번째 a에 b를 대입하라. 우리는 a = b라고 가정했기 때문에 이것을 할 권리가 있다. 그런데 지금 a가 필연적으로 b와 동일하다는 결론이 나온다. 따라서 만약 중추-상태 유물론이 마음과 뇌가 필연적으로 동일하지는 않다고 주장하고 있다면, 그것은 그 자체로 거짓임에 틀림없다. 이 증명은 1970년에 솔 크립키Saul Kripke가 강의 중에 발표했으며, 그는 같은 연구에서 놀라울 정도로 흥미로운 관련 논증들을 발전시켰다.[3]

이런 종류의 증명들은 다음 사실에 근거한다는 것에 주목해야 한다. 여기에서 'a'와 'b'인 동일성 기호의 양 쪽에 있는 용어들은 지시체가 고정된 이름들(크립키는 '고정 지시어rigid designator'라 부른다)로서 다른 것들에도 적용될 수 있는 기술구description가 아니다. '인간의 마음'과 '인간의 뇌'는 이름이며, 마찬가지로 '통증'과 '시상의 사건들 a, b 전두엽 피질, 또는 일차 및 이차 체성감각 피질(S1 및 S2)'도 이름이다.[4] 그래서 그

증명은 내가 쓰고 있는 참인 문장, 영국 여왕은 엘리자베스 2세이다가 어떻게든 필연적임을 함축하지는 않는다. '엘리자베스 2세'는 지시체가 고정된 이름이지만 '여왕', 심지어 '영국 여왕'조차도 지난 수백 년 동안 그래왔듯이 다른 사람들에게도 적용될 수 있는 압축된 **기술구**이기 때문이다. 그것은 그것의 기술구 대상의 자리에 다른 대상들이 있을 수 있기 때문에 고정지시어가 아니다.

게다가 마음이 뇌라는 주장은 또한 뇌는 마음이라는 주장과 동등한 것으로 드러난다. 왜냐하면 논리학자와 수학자들은 동일성을 '교환적commutative'이라고 부르기 때문이다. 만약 a = b라면 분명히 b = a이다. 그러나 뇌가 정말로 실제로는 마음이라는 주장은 완고한 중추-상태 **유물론자**에게 호소되길 기대하기 어려울 수 있다. 왜냐하면 그것은 유물론(모든 것은 물질이다)보다 **관념론**(모든 것은 마음이다)을 더 시사하는 주장이기 때문이다.

중추-상태 유물론자들은 무엇을 해야 하는가?

한 가지 대답은 형이상학과 예술철학을 비롯한 일반철학에서 한동안 존재했던 **타입**type과 **토큰**token의 구별을 활용하는 것이다. 예를 들어 에드워드 엘가Edward Elgar의 첼로 협주곡 E단조를 보자. 그것은 1919년의 처참한 초연, 1960년대 재클린 뒤 프레Jacqueline du Pré의 위풍당당하고 애수를 띤 연주들, 수백

명의 다른 연주들을 포함하여 여러 번 연주되었다. 엘가의 첼로 협주곡은 몇 개가 있는가? 수백 개가 있다고 말할 수 있을까? 이런 경우라면, 엘가는 작품을 쓴 이래 수백 편의 첼로 협주곡을 쓴 것이다. 그러나 아니다. 그가 대단히 근면했다 해도 그렇게 근면하지는 않았다. 아니면 협주곡은 오직 하나만 있는가? 그렇다면 그것은 다양한 모든 장소와 시간대에서 어떻게 그렇게 많은 다양한 솔로 연주가들과 함께 나타날 수 있었을까? 철학자들이 개발한 대답은 협주곡 **타입**은 하나이지만 협주곡 **토큰**들 또는 **사례**들은 많다는 것이다. 『오만과 편견 Pride and Prejudice』이라 불리는 책은 하나지만, 그 책의 **복사본들**은 많다는 것과 마찬가지다. 복사본은 작품이기도 작품이 아니기도 하다. 그것은 작품의 토큰이지, 타입이 아니다. 그렇지만 첼로 협주곡의 경우와 책의 경우에는 차이가 있는데, 왜냐하면 『오만과 편견』의 상연으로 간주될 수 있는 것이 없기 때문이다. 그러나 연주되는 것이 쓰인 대로의 '악보'라고 해도, 첼로 협주곡이라는 아름다운 소리는 악보가 아닌 반면 책의 인쇄 복사본들은 소설이라 할 수 있다.

그 구별에 난점들이 분명히 있지만, 동일성 이론의 두 형태를 구분하기 위해 유리하게 사용되었다. 타입 **통증**이 있고 타입의 토큰인 개별 **통증**이 있다. 이 이론의 더 강력하지만 덜 그럴듯한 형태에서 타입 또는 속성 **두뇌 상태**와 동일하다고 했던 것은 타입 또는 속성 **심적 상태**였다. 덜 맹렬하지만 더 설득력 있는 버전에서는 그 대신, 두뇌 상태의 특수 사례와 동일했던 것은 단지 심적 상태의 한 특수 사례라고 했다. 두 유기체가 모두 똑같거나 비슷한 통증을 느끼지만 그것들이 똑같은 두뇌 상태에 있지 않을 수도 있다. 그들은 어떤 두뇌 상태에 있다. 그리고 모든 사람의 생리적 및 심리적 시스템이 똑같은 방식으로 작동한다는 것은 믿기 어렵기 때문에, 특히 매우 다른 종류의 뇌를 가진 상이한 유기체들을 고려할 때에는 이this 통증을 이this 두뇌 상태와 동일시하고, 심리적 상태가 똑같은 두 개체들이 똑같은 생리적 상태에는 있지 않을 수 있다는 결론을 받아들이는 것이 훨씬 더 그럴듯하다. 그러나 그들은 통증 상태가 동일한, **어떤** 생리적 상태에 있어야만 한다. 따라서 모든 토큰들을 똑같은 타입의 토큰들로 만드는 것이 무엇인지가 궁금할 수밖에 없다. 어째서 그것들은 모두 통증의 사례들인가?

어쨌든, 중추-상태 유물론에 반대하는 논리적 논증들은 오직 타입 동일성 반박에만 작동한다고 제시되었다. 이는 그렇지 않은 것으로 판명되었다. 곧 밝혀졌듯이 그 논증은 토큰 동일성 반박에도 똑같이 잘 작동하였다.

중추-상태 유물론에 반대하는 논리적 증명들이 1970년대에 나오고 공표되기 전에 이미 중추-상태 유물론은 끝장났다. 이는 그것에 반대하는 복잡한 논리적 논쟁 때문이 아니라, 그 시대의 과학에 더욱 부합하는 더 강력한 견해가 나와서 중추-상태 유물론의 자리를 차지했기 때문이었다.

3. 기능주의

중추-상태 유물론의 자리를 대신한 새로운 견해는 **기능주의** functionalism였다. 기능주의는 1967년 힐러리 퍼트넘 Hilary Putnam 의 「심리적 술어들」과 그 이후의 다른 논문들과 함께 철학적 무대에 등장했다.[5] 퍼트넘은 통증은 어떤 두뇌 상태가 아니라 전적으로 또 다른 종류의 상태라고 주장한다. 그것은 확률적 자동기계 또는 **튜링 기계** Turing machine의 상태이다. 튜링 기계는 본질적으로는 컴퓨터이며, 그것의 물리적 상태들이 아닌 **계산적** 또는 기능적 **상태들**을 가지고 계산한다. 우선 이 상태들은 완전히 다르게 묘사되며, 다음으로 그것들이 무엇으로든 구성 되어 있다고 말할 수 있다면, 물질이 아니라 일종의 기능성으로 구성되어 있다. 또한 두 튜링 기계들이 우연히 아주 똑같은 물리적 상태에 있더라도 각기 다른 계산을 수행하는 과정 중에 있을 수 있다는 것을 상상할 수 있다. 따라서 그것들이 물리적으로 동일한 그 순간에 그것들의 계산적 상태는 똑같은 상태가 아닐 것이다. 따라서 만약 기능주의가 제안하듯이 심적 상태가 계산적 상태라면, 심적 상태는 유기체의 물리적 상태가 아니다.

기능주의의 힘은 그것이 컴퓨터 하드웨어와 소프트웨어 사이의 구별을 최대한 활용한다는 흥미로운 사실에서 비롯했다. 마음은 견고한 하드웨어가 아니라 활동적인 소프트웨어와 비유된다. 평범한 컴퓨터들을 가지고도 누군가는 똑같은 기능을 수행하는 두 대의 컴퓨터가, 가령 곱셈 7 × 9를, 매우 다른 물리적 방법으로 계산할지도 모른다고 상상할 수 있다. 심지어 누군가는 중앙처리장치를 구성하는 서로 다른 문들을 통해 서로를 천천히 밀치는 전자들 때문에, 전자 컴퓨터와 똑같은 방식으로 작동하지 않는 광학 컴퓨터를 생각할 수도 있다. 분명히 광학 컴퓨터와 전자 컴퓨터는 똑같은 물리적 상태에 있지 않다. 왜냐하면 광자는 전자가 아니기 때문이다. 그러나 똑같은 입력(7 × 9)이 주어지면 출력(63)은 항상 똑같을 것이다. 누군가는 두 기계의 기능이 똑같은 것이라고 생각할 수 있다. 그것들의 논리적 하드웨어 구조조차 매우 다를 수 있기 때문이다. 다시 말하지만, 심지어 두 대의 전자 컴퓨터가 서로 매우 다른 프로그램들을 실행함에도 불구하고 우연히 어떤 순간에 똑같은 물리적 상태에 있게 되는 경우가 생길 수도 있을 것이다.

퍼트넘은 **다수 실현 가능성 논제** the multiple realizability thesis 를 발굴했는데, 하나의 심적 상태는 서로 다른 다수의 방식으로 실현될 수 있다는 명제이다. 염소, 새, 파충류, 연체동물은 모두 통증을 느끼는데, 물론 이는 당신의 동물 심리철학이 무엇이냐에 근거한다. 그러나 그것들이 통증을 느낄 때 그것들 모두가 정확히 똑같은 생리적 두뇌 상태에 있다고 생각하는 것은 전혀 그럴듯하지 않다.

퍼트넘이 지적했듯이, 누군가는 컴퓨터의 발전이 심리철학에 미친 영향이 유물론적일 것이라 생각했을 수도 있지만, 정작은 그 반대였다. 하드웨어와 소프트웨어의 구별은 컴퓨팅 시스템을 그것의 물리적 상태에서 추출된 것으로 간주되게 해주었고, 계산적 또는 튜링 기계 상태와 물리적 상태와의 차이를 돋보이게 해주었다.

시대가 기능주의와 맞았고, 그것은 중추-상태 유물론자들의 제동 작전에도 불구하고 심리철학을 휩쓸었다. 기능주의는 급속하게 인공지능 분야에서 일하는 지식인들뿐만 아니라 철학자들, 특히 심리철학자들과 인지 과학 이외의 분야에 있는 과학자들이 선호하는 심리 철학이 되었다.

기능주의는 어떻게 심-신 문제를 해결하는가? 가장 분명한 해석은 기능주의는 마음이 비물리적인 것임을 부정하는데, 마음이 물리적인 것이라는 입장에 서기 때문이 아니라 마음을 단지 **사물**a thing로 간주하는 것은 잘못이라는 입장에 서기 때문이다. 마음을 사물로 간주하는 것은 마치 컴퓨터 프로그램을 단지 또 다른 물리적인 것으로 간주하는 것이 될 것이다. 프로그램에서 중요한 것은 사물로서의 테이프나 종이나 전자 하드웨어의 물리적 상태들이 아니라 그것의 기능이다.

퍼트넘은 1991년 기능주의는 틀렸다고 주장하면서 기능주의자였던 이전의 자신을 번복했다. 비물리적 속성들을 서술한 **어느** 계산적 기술구이건 물리적인 어느 것에나 적용될 수 있고, 따라서 기능주의는 전적으로 사소하다는 것이 그의 논증 중 하나이다. 그런데 이것이 옳건 아니건 그것이 우리에게 시사하는 점이 있기 때문에 흥미롭다. 즉, 기능주의를 기각하기 전 퍼트넘은 심적 시스템을 포함하고 있는 물리적 시스템은 독특한 계산적 기술구를 **지니며**, 이 사실이 계산적인 것은 물리적인 것이 아니라는 진실의 배후에 있음을 주장하기 위해 기능주의를 택했다는 것을 시사하기 때문이다. 그렇다면, 퍼트넘은 기능주의가 마음은 비물리적인 것이라는 명제를 부정함으로써 심-신 문제를 해결한다고 생각했음에 틀림없다.

이것이 맞는다면, 기능주의도 바로 행동주의에 있었던 감각질 또는 현상적 속성들의 결여 문제가 있다는 것이 전혀 놀랍지 않을 것이다. 우리는 서로에 대하여 스펙트럼이 전도된 입력을 지닌 로봇에 내장되어 이런 입력들을 기반으로 계산하

고 있는, 정말 똑같은 기능적 상태나 계산적 상태 또는 튜링-
기계 상태에 있는 두 '시스템들'을 쉽게 상상할 수 있다. 따라
서 스펙트럼의 질적 경험은 기능적 상태나 계산적 상태와 같
은 것일 수 없다. 튜링 기계는 예를 들어 빨강 색을 계산하면
서도 그것이 무엇에 대해 계산하고 있는지에 대한 생각을 전
혀 하지 않고 계산을 하고 있을 것이다. 그것은 색깔이 무엇인
지에 대한 인상이나 관념이 전혀 없이 색깔에 관한 입력과 출
력들을 즐겁게 받아들이고 내놓으며 계산한다.

기능주의가 속성 이원론의 한 형태일 수 있다는 생각은 더
욱 흥미롭다. 기능주의가 몸이 물리적임은 거짓이라고 주장
한다면 그렇다. 뇌를 포함하고 있는 몸이 비물리적인 또는 기
능적 계산 상태들을 갖는다고 생각될 수 있다는 이유에서 그
렇게 주장할 수도 있다.

4. 무법칙적 일원론

기능주의가 심리철학의 판도를 바꾸고 있는 시기와 거의
같은 시기에 철학자 도널드 데이비슨Donald Davidson은 마음과
물리 세계와의 관계에 대한 깊고 흥미로운 견해를 독자적으로
개발하고 있었다.

1970년의 고전적 논문 「심적 사건Mental Events」에서 데이비슨은 세상의 사건들을 서술한 기술구들이 존재하며, 기술구는 물리적 용어나 물리적 사건으로 규정될 수 없는 심적 단어들을 사용한다는 의미에서 환원 불가능하게 심적이라는 점을 받아들인다.[6] 그래서 그는 우리의 (1)과 (2), 즉 마음은 비물리적이고 몸은 물리적이라는 명제들의 핵심에 동의한다. 그는 또한 적어도 어떤 심적 사건과 어떤 물리적 사건 사이에는 인과관계가 존재한다는 견해를 취한다. 그런데 그는 그러한 인과관계는 그것들을 포괄하는 법칙적 근거를 필요로 한다고 지적한다. 인과관계가 있는 곳에는 그것을 포괄하는 법칙이 있다. 한 경우에는 작동하지만 다른 경우들에는 작동하지 않는 '단칭singular' 인과관계 같은 것은 없다. 이 모든 것은 물리적 사건과 심적 사건과의 관계를 포괄하는 엄격한 법칙이 없는 경우도 있다는 것을 우리가 데이비슨과 함께 심사숙고하기 전까지는 충분히 쉽게 받아들일 수 있다. 내가 나의 할머니를 뵈러 이탈리아에 가기로 결정할 때 나의 신경세포들이 정확히 이러저러한 방식으로 발화하는 것을 볼 수밖에 없다고 하는 물리적 법칙은 없다.

물론, 이런 '심적인 것의 무법칙성'이라는 일반적 진실을 의심할 수도 있다. 왜냐하면 정신물리학에는 몇몇의 아주 엄격한 법칙들이 있기 때문이다. 하나의 예는 무게 지각에 대한 소위 베버-페히너의 법칙 Weber-Fechner law 이다. 이 법칙에 의하면 인간의 지각에는 자극 강도와 반응 강도 사이에 로그의 관계가 있다. 똑같은 반응을 증가시키려면 이에 상응하는 자극의 더 큰 증가가 요구된다.

그렇지만 우선, 그 법칙은 실제로 엄격하지 않다. 그것은 인간의 지각에 **적당하게** 잘 적용되지만 오직 청력이나 청각의 더 높은 진폭과 같은, 지각의 특정 범위들에서만 잘 적용된다. 그리고 또 다른 한계들도 있다.

물론, 비록 엄격한 정신물리적 법칙이 없더라도 엄격한 물리적 법칙 역시 없기 때문에 이는 전혀 놀랍지 않다고 생각하는 것도 당연하다. 예를 들어, 중력의 법칙은 결코 존재하지 않는 완벽한 진공을 가정한다. 하지만 물리학과 화학의 법칙들이 정신물리학의 법칙보다 훨씬 더 엄격하다는 것은 인정해야만 한다.

우리가 주목해야 하는 점이 또 있다. 데이비슨의 진정한 관심은 전형적으로 **심리적** 법칙들에 있었는데, 왜냐하면 그것들은 인간 행동에 적용되거나, 또는 이탈리아에 사는 할머니를 방문하기로 한 나의 결정과 같은 인간 행동의 더욱 합리적이고 의식적인 부분들에 적용되기 때문이다. 데이비슨이 말했듯이 그런 사건에 대한 법칙이나 '그렇게 서술된' 사건에 대한 법칙은 정말 없다. 의도는 인간 행동의 합리적 목적에 관한 것이고, 그래서 합리성은 과학적 법칙의 세계와 연결되는 그런 식으로는 성문화될 수 없을 것이다. 그런데 심적인 것에 대한 우리의 개념들은, 예를 들어 '합리적인', '의도', '의향', '사려 깊음' 등과 같은 관념에 있는 합리성과 관련된다.

데이비슨의 주장은, 심적인 것과 물리적인 것 사이에 인과관계가 있으며, 인과관계는 엄격한 법칙을 요구하지만, 물리적인 것과 심적인 것 사이에 엄격한 법칙은 없다는 것이다. 지금 우리에게 거대하고 매혹적인 문제가 제기되었다. 우리는 모순적인 **트리아드**triad를 갖는데, 이것은 실제로 우리의 모순적인 원본 테트라드와 명확한 관계가 있다. 심적인 것과 물리적인 것이 상호작용하고, 인과관계가 엄격한 법칙들을 요구한다면, 물리적 사건들과 심적 사건들을 지배하는 엄격한 법칙들은 분명히 존재해야만 한다. 그러나 데이비슨에 의하면 그것들은 존재하지 않는다. 그래서 우리는 모순을 손에 쥔다.

실제로 일어나고 있는 일을 보자. 데이비슨은 처음에 물리적인 것과 비물리적인 것은 상호작용할 수 없다고 확언하는데, 왜냐하면 이는 심적인 것과 물리적인 것 사이에 엄격한 인과 법칙을 요구할 것이기 때문이다. 그 다음 그는 마음과 몸이 상호작용**한다**고 언급하지만, 결국 그것들은 본성상 물리적이지 않은, 오직 비-심적인 **어휘**a nonmental vocabulary로만 그럴 수 있다고 말한다. 이제 심적 기술구들은 과학적 설명과 체계적으로 연결되지 않는다는 점에서, 무법칙적이라는 점이 남는다. 데이비슨이 그리스 고전 철학의 박사학위를 가지고 학문적 경력을 시작했으며, 마음에 대한 풍부하고 다양한 언어에 항상 민감했다는 것은 주목할 만하다.

심적 사건들 이외에 무법칙적 기술구들을 갖는 또 다른 것들이 있다. 예를 들어 누구든 **값싼** 물건에 관심이 있는데, 그것들이 엄격한 법칙들에 의해 물리 세계와 관련될 수 있을 어떤 공통점이 있다고 생각하지는 않을 것이다. 저렴함에 대한 엄격한 법칙은 없을 것이다. '값싸다'는 모호하고 특이하며 관심-상대적인 술어이다. 그것은 엄격한 과학이나 심지어 경제학에서도 결코 사용될 수 없는 단어가 되는 식으로 우리의 일상 행동과 실천을 반영한다. 더구나 그것은 심적인 단어들로 이루어진다. 그것들은 일상 행위를 설명하고 우리의 합리적 관심을 반영한다. 그러나 물리법칙의 틀에서가 아니다.

그런데 또한 여기에서 데이비슨은 심적 사건들은 특정 물리적 사건들과 토큰-동일해야만 한다는 결론을 옹호하는 논증을 한다. 서술했듯이 심적 사건들은 엄격한 법칙들의 지배를 받지 않기 때문에 또한 물리적 사건들과 상호작용하기 때문에, 반드시 물리적 법칙들의 지배하에 있어야 한다. 따라서 심적 사건들은 물리적 사건들임에 틀림없다. 그러나 또한 심적 사건들은 또한 그렇게 **서술된** 물리적 사건들이 아니어야만 하며, 따라서 그것들은 물리적 사건들과 타입-동일하지 않다. 이것이 모든 심적 사건은 실제로 어떤 물리적 사건이라는 데이비슨의 논증이다. 사고방식은 확실히 훌륭하다.

심-신 관계에 관한 그의 전반적 논증에서 데이비슨은 다음과 같이 주장한다고 할 수 있다.

(1) 마음은 비물리적인 것이다

(마음에 대한 기술구들이 비물리적 용어들로 표현된다는 의미에서이며, 마음이 물리적 대상이 아니라는 의미에서가 아니다).

(2) 마음은 물리적이다.

(3) 마음과 몸은 상호작용한다.

(4) 물리적인 것들과 비물리적인 것들은 상호작용할 수 없다

(왜냐하면 (4)는 그것들 간의 엄격한 인과 법칙들을 요구할 것이나, 그런 것은 없기 때문에).

우리가 (1)의 애매모호함에서 볼 수 있는 데이비슨주의자의 특징적 책략은 이렇다. 심적 기술구들은 또 하나의 독특하게 인간적인 서술적 어휘에 속해 있기에 비물리적**이다**. 이런 기술구들이 물리적 잉크나 물리적인 용어로 쓰여 있지 않다는

의미에서가 아니라, 그것들이 물리학의 용어나 기호들을 전혀 사용하지 않으며 별개의 '심적' 또는 심리적 용어들을 사용한다는 의미에서 그렇다. 어떤 의미에서 심적 사건들은 참으로 물리적이라고 말할 수 있지만, 그것들은 비물리적 어휘로도 서술될 수 있다. 이는 마치 어떤 의미에서 물건들이 참으로 물리적이라고 말할 수 있지만, 가정 경제학의 비물리적 어휘로도 서술될 수 있는 것과 마찬가지이다. "저 토마토가 싸네. 사자"라고 우리는 말할 수 있다. 이는 토마토가 물리적인 것이 아님을 의미하지 않는다.

데이비슨의 견해가 의심할 여지없이 매력적이더라도, 그 매력으로 인해 중추상태 유물론과 타입 또는 토큰 다양성이 지닌 논리적 어려움들, 기능주의의 강력한 통찰들을 잊어서는 안 되며, 모든 형태의 유물론이 감각질을 다루는 데 어려움이 있다는 것도 잊어서는 안 된다. 예를 들어 우리가 색깔에 대한 감각질을 언급할 때, 우리는 세상을 다루는 데 우연히 잘 맞은 재미있는 새로운 어휘를 그저 전자기 복사에 대한 이야기에 덧붙여 채택하고 있는 게 아니다. 새로운 어휘는 전자기 복사에 대하여 말하는 그저 다른 방식이 아니다. 새로운 어휘 곧 색깔들은 완전히 다른 어떤 것에 대해 이야기하는 방식이다. 색깔들은 예를 들면, 밝기와 같은 엄격히 물리적이지는 않은 속성을 지닌다. 밝기는 물리적이지 않다. 그것은 **휘도**luminance

와 관련되는데, 휘도는 간신히 물리적이며 또한 간신히 물리적으로 정의된 개념으로서 특정 단위 영역에서 얼마나 많은 양의 방사선이 전도, 방출, 반사되는지에 대한 것이다. 우리가 노랑은 밝은 색이라 말할 때, 이는 전적으로 비물리적인 의미를 지니는 것, 즉 노랗게 채색된 영역의 휘도를 측정하지 않고도 원칙적으로 결정될 수 있으며 또한 단지 직접적인 관찰로 결정될 수 있는 것이다. **밝기**는 물리학이 아니라 심리학의 표준 보기에서 발견되는 개념이다.

5. 제거주의

무법칙적 일원론으로 심적인 것이 행방불명되었다는 느낌이 든다. 데이비슨을 제외하고 어떤 이들은 그렇게 되는 게 당연하다고 생각할 수도 있다. 어쩌면 데이비슨은 심적 **어휘들** vocabularies, 기술구들, 설명과 이야기하는 방식들, 또는 심적인 개념들은 존재하지만 심적인 **것** thing 자체는 존재하지 않는다고 인정하는 게 더 나을 것이다. 그러나 그러면 그 다음에 사람들은 심적인 것이 편리한 언어의 양탄자 아래로 은폐되고 있다고 걱정하기 시작한다.

‘제거주의’ 또는 ‘제거적 유물론’으로 알려진 심리철학에서 우리가 곧바로 인식하는 것은, 심적인 것에 대한 이야기는 인간들이나 과학의 또 다른 어떤 부분에 적용되기 때문에 물리 세계의 연구로 얻은 사물들의 도식에는 들어맞지 않으리라는 점이다. 제거주의자들은 심적 개념과 용어들이 과학적인 생리학적 개념이나 용어들로 환원될 수 없음을 인정한다. 완전한 신경과학에서는 심적 용어나 개념의 필요성이나 여지가 없으며, 심적인 것들에 대한 진술은 단지 거짓이다. 이런 심적 진술은 구시대적인 심리학과 정신물리학의 유물로서 마치 마녀에 관한 진술이 인간 본성에 대한 구시대적 관점의 낡은 유물인 것과 마찬가지이다. 마녀는 존재하지 않으며 미신의 산물이다. 또한 우리는 마녀들을 동시 발생하는 물리적 사건들, 예를 들어 야밤에 휘젓고 다닌다거나 고양이를 훈련시키는 것과 연관시킬 수 없다. 마찬가지로, 제거주의자들은 희망, 두려움, 신념, 욕구들은 존재하지 않는다고 말한다. 그것들은 물려받은 언어 형태의 산물로서 과학에 기초하지도 않았고, 아무것도 설명하지 않으며, 소문 난무하는 동네 가게의 편협한 이야기만큼이나 과학 실험실에서는 확실히 쓸모없다.

데이비슨과 달리, 제거적 유물론자들은, 그중 폴과 퍼트리샤 처칠랜드Paul and Patricia Churchland, 스티븐 스티치Stephen Stich가 가장 유명한데, 희망, 두려움, 신념, 욕구들을 지칭하는 일상생활 심리학의 문장들은 일종의 이론으로 보이지만 완전히 거짓된 이론이라는 견해를 취한다. 비판자들이 '민간요법'과 '민속학' 등등에서 유추하여 소위 '민속 심리학'이라 부르고 있는 것은 거짓된 것이다.

 심리학적 현상에 대한 상식적 개념은 근본적으로 거짓인 이론, 즉 본질적으로 결함이 있어서 그 이론의 원리와 존재론은 완전한 신경과학에 의해 순조롭게 축소되는 것이 아니라 결국은 대체될 것이다.[7]

 반면 데이비슨의 경우, 민속 심리학은 설명적도 아니며 어떤 이론도 아니다. 그런 역할은 물리학이 할 일이다. 하지만 그것은 서술적이다.

 폴 처칠랜드에 의하면 민속 심리학은 "엄청난 설명적 실패를 겪고 …… 적어도 25세기 동안 정체되어 있으며 ……, 인간 행동을 장기적으로 설명해 온 물리 과학의 주장은 부인할 수 없어 보이는데도 (지금까지) 민속 심리학의 범주들은 배경 물리학의 범주들과 통약 불가능하거나 만나는 지점도 없어 보인다".[8] 민속 심리학이라 불리는 것이 있으며 그것은 소위 **이론이론**theory theory으로서 예측을 행하는 **이론**theory이라는 처칠랜드의 생각에 대부분의 철학자들은 동의하지 않는다.

 그것은 오히려 우리가 일상생활에서 사용하는 **개념들**, 사회

세계에서 **가족** 같은 개념들, 정치 세계에서 **국가**, 예술 세계에서 **예술작품** 같은, 개념들의 느슨한 집합이다. 그러한 개념들을 사용하는 명제들은 근본적으로 거짓이 아니다. 그리고 그런 개념들은 보다 심오하고 정확하다고 추정된 어떤 과학적 개념들과 맞바꾸어 일소되어서도 안 된다. 이는 마치 음식의 요리나 개인적 인간관계들에 대한 개념들이 일소되면 안 되는 것과 마찬가지이다.

처칠랜드의 주장에는 또 다른 문제가 있다. 단지 변하지 않았다는 의미에서라면, 예를 들어 산술은 민속 심리학보다 훨씬 더 오랫동안 정체되어 있다. 산술이 발견된 이후 초보적 산술에는 변화가 전혀 없었다. 곱셈, 나눗셈, 덧셈, 뺄셈 — 모두 '정체되어' 있다. 또 다른 강력한 예로 사영기하학은 본질적으로 완전해서 19세기 후반부터 그대로 존재한다. 그렇다면 일상생활의 심리의 개념들은 어째서 있는 그대로 유지되면 안 되는가?

처칠랜드의 대답은 이렇다. 민속 심리학은 정신 질환(그것 모두?), 창의적, 상상력, 지능의 개인차, 수면, 야구공과 같은 투사체로 목표를 맞추는 능력, 삼차원 지각, 모든 시각적 환영, 기억, 기억의 속도, (전언어적 유아들의 학습을 포함하는) 학습 등과 그 밖의 다른 것들을 설명하지 않았기 때문에 대체되어야만 한다. 민속 심리학은 이 모든 것에 '부주의한 태도'를 보인다.

열거된 목록은 기준이 정말 높다 ─ 너무 높다. 왜냐하면 **과학**은 수면이 무엇인지도 정신 질환이 무엇인지도 설명하지 않았으며(그런데 제거주의적 관점에서는 설명할 수 없을 것이다. 왜냐하면 '정신 질환'은 민속 심리학적 개념이기 때문이다. 그래서 사람들에게 정신적 질환이 있다는 것은 '근본적으로 거짓'이어야만 한다), 창조적 상상력이 무엇인지(그런데 상상력은 또 다른 민속 심리학적 개념이다) 등도 설명하지 않았기 때문이다. 어쩌면 **오직** 과학**만이** 이 모든 불가사의한 것들을 설명할 수 있을 것이라는 어떤 확신이 있을지 모른다. 그러나 이는 처칠랜드가 옹호하고 있는 **결론**이지, 그의 주장을 뒷받침하는 **전제**가 아니다.

그리고 기초 산술을 생각해 보라. 홀수 완전수가 존재하는지, 골드바흐의 추측the Goldbach conjecture이 참인지, 콜라츠 문제 the Collatz problem의 해결책이 있는지, 쌍둥이 소수 추측the twin prime conjecture이 참인지 등등을 결정하는 데 기초 산술은 2500년 동안 참담하게 실패했으며, 실제로 수학 전체가 실패했다. 산술은 정말로 정체되었다, 그렇지 않은가? 정신을 차려야만 할 것이다. 어쩌면 우리는 산술을 모든 종류의 중요한 문제를 해결한 신경과학으로 대체해야만 할 것이다.

제거주의적 유물론이 어떻게 심-신 문제를 해결하는지가

다시금 매우 분명해진다. 마음은 비물리적인 것이라는 명제 (1)은 거짓인데, 마음이 물리적**이어서**is가 아니라 존재하지 않기 때문이다. 마음을 포함한 어느 것도 비물리적이지 않다. '마음'이라고 불리는 것의 존재와 그것이 행한 모든 것은 '근본적으로 거짓인' 민속 신화의 일부이다.

다시, 우리에게는 심-신 문제에 대해 완전히 성공적인 해결이 있으며, 그리고 또 심-신 문제는 다루기 어렵다고 말할 만큼 그 자체를 믿기 힘든 견해가 있다. 여기에서 해결이라는 명확한 성공은 그것의 믿음성과 반비례하는 것 같다.

4

마음에 대한 반유물론

1. 서론

저명한 미국 철학자 김재권Jaegwon Kim은 2006년에 출판된 그의 훌륭한 저서『심리철학Philosophy of Mind』의 맨 마지막 부분에서 '물리주의의 한계'는 감각질이라고 말한다. 그는 감각질을 제외한 모든 것에 대해 물리주의가 옹호될 수 있다고 생각한다. 그의 생각에 감각질은 의도와 같이 그 밖의 모든 심적인 것과 마찬가지로 기능적으로 정의될 수 없으며, 물리적인 그어느 것으로도 환원될 수 없다. 또한 그것들은 결코 정의될 수도 없다. 그러나 그럼에도 불구하고 김재권은 마음도 그 세계관에 포함되는 자연주의적 세계관의 지지자이다. 어떻게 이것이 가능한가? 그는『**물리주의, 또는 거의 충분한 물리주의** Physicalism, or Something Near Enough』에서 "물리주의가 유일한 참은 아니지만 거의 충분히 참에 가까우며, 거의 충분하면 충분히 좋을 것이다"고 한다.¹ 이는 문체상으로 좋고 책을 마무리하는 좋은 방법이라도 철학적 관점에서는 전혀 아니다. 이쪽에는 모든 것이 물리적이라고 주장하는 세계관, 물리주의가 있다. 저쪽에는, 김재권 자신의 말에 의하면, 무언가 비물리적인 명백한 경우가 있으며 그 사례는 모든 색깔, 모든 소리, 모든 냄새, 모든 맛, 또 다른 감각 양상들의 모든 대상, 그리고 예를 들어 꿀벌들의 자외선 감지와 편광 감지와 같이 우리가 경험하지 못하는 감각 양상들의 모든 대상 등등 아마 무한할 것이다. 공정하게 말하자면, 우리는 또한 **비감각적인** "어떤 것일 것들" 모두와 예를 들어 분노의 미묘한 차이와 섞임과 정도를 포함해야 하며, 이는 우울, 혼동, 의기양양, 즐거움, 도취, 황홀경, 기쁨, 흥분, 환희, 더없는 행복 등에서도 마찬가지이다. 따라서 우리는 무한하게 확장 가능한 반증이 존재하는 이론을 지니며, 김재권은 "거의 충분"이라 말한다. 대체 **무엇에** 충분하게 가까운가? 참이 아님은 거의 확실하다. 만약 우리가 물리주의의 참과 수백만의 비물리적 색채 감각질과 나머지 모두가 존재할 수 있다는 명제의 참을 결합하면, 두 번째 명제가 첫 번째와 모순되기 때문에 논리에 의해 곧바로 우리에게 거짓이 주어진다. 참과 거짓의 결합은 거짓이다. 저 거짓이 어떻게 참에 '거의 충분히' 가까운가? 그것은 "물리주의가 비록 그렇지 않더라도 만약 오직 물리주의만 참이라면, 그것은 참일 것이다"라는 것과 마찬가지로 보인다.

김재권은 형이상학에 대한 혐오가 없는 철학자이다. 그래서 어째서 그가 다음과 같이 속으로 말하면서 참신하게 시작하지 않았는지 이해하기 힘들다. "상황은 이렇다. 모든 것이 물리주의를 암시한다. 그러나 그것은 거짓이다. 무엇보다 매우 중요한 부류의 환원 불가능한 존재자들이 이에 저항하기 때문이다"라고. **그 다음에** 그는 아마 "어떻게 **그게** 가능한가?

도대체 어떻게 그것이 사물들이 존재하는 방식일 수 있는가? 모든 것이 한 방향을 가리키지만 진리는 반대 방향에 놓여 있다는 게 어떻게 가능한가?"라는 질문을 했을지도 모른다. 이에 대한 김재권의 맹점은 색깔과 그 밖의 감각질이 명백하게 인과적으로 상호작용한다는 사실과 관련될 것이다. 그는 인과관계라는 주제와 그 개념을 다양한 철학적 문제에 적용하는 연구에 헌신해 왔다. 인과적 비활동성은 그에게 '거의 충분히' 비존재에 가깝지 않을까 생각된다. 그러나 이는 곧 비인과적 개념들에 대한 편견이다.

다음으로 검토하고 싶은 것은 세 가지 유명한 논증들로서, 대략 모두 같은 방향으로 가면서 최근 심리철학에서 반유물론적 또는 반물리주의적 경향으로 간주되는 것을 산출해 냈다. 고려할 세 논증들은 제각기 서로 다른 방법으로 감각질은 정말로 물리주의에 **하나의 문제**라는 사실, 더 심하게는, 감각질의 존재가 마음을 포함한 모든 것이 물리적이라는 물리주의의 주장에 대한 **반증**이라는 사실을 보고한다. 이런 논증들의 옹호자들은 때때로 다른 사람들에 의해 **신비주의자**로 함께 묶이지만 그 칭호는 도움이 안 된다. 그 논증들 중 어떤 논증도 그것의 결론 명제에 무엇이건 **신비스러운** 것은 없다. 그것들의 유일한 결론은 물리주의는 거짓이라는 결코 신비스럽지 않은 명제이다. 세 논증들 자체를 살펴보기 전에 물리주의는 거짓이라는 결론을 세 논증들과 공유하는 한 견해를 소개한다. 그 것은 비록 종교적으로 물든 철학적 분위기에서 한 세기 이상 지배적인 철학이었으나, 이제 대부분의 사람들에게는 호소력 이 거의 없거나 아예 없다.

2. 관념론

마음에 대한 반유물론자나 반물리주의자가 되기 위하여 관 념론이 만든 더욱 거대한 주장을 받아들일 필요는 없다. '관념 론idealism'은 19세기에 주목을 끈 상이한 수많은 심리철학들에 주어진 이름이며, 철학자들이 보편적으로 받아들이는 단일 해 석은 없다. 관념론은 형이상학이 그렇듯이 우리에게 실재의 본성에 대한 것을 말하는 형이상학이다. 물리주의는 모든 것 이 물리적이라고 말하고 유물론은 모든 것이 물질이라고 말하 듯이, 관념론은 모든 것이 정신적이라거나 모든 것이 심적이 라고 말한다. 그러나 이것은 무엇을 의미하는가? 최소한 그 주장은 실재는 비물리적이라고 말하며, 따라서 관념론은 물리 주의와 반대된다. 적어도 관념론은 반물리주의적이다.

이 같은 관념론의 공식화는 큰 이점이 있다. 우리가 실재를 존재하는 모든 것이라고 생각할 경우, 만약 몸이 존재한다면 관념론은 몸이 비물리적이라고 주장한다. 그래서 만약 우리가 보았던 것처럼 심-신 문제가 모순적인 테트라드의 네 명제들을 청산하는 문제라면, 관념론은 몸이 물리적이라는 첫 번째 명제를 부정함으로써 문제를 쉽게 해결한다. 관념론에 의하면 **아무 것도** 물리적이지 **않다**. 따라서 비물리적인 것과 물리적인 것들의 상호작용에 대한 어려운 점이 없다. 물리적인 것은 존재하지 않기 때문이다.

두 가지 중요한 질문이 남는다. 첫째는 누구든 어떻게 그러한 견해를 믿을 수 있을까이다. 몸이 비물리적이라고 어떻게 믿을 수 있을까? 극히 일반적인 영어 어법에서 '몸'은, 물리적 부분 이외에 무슨 다른 부분이 있건 없건, 인간이나 유기체의 물리적 부분**으로** 간주된다. 이런 어법으로 몸이 비물리적이라고 말하는 것은 사실상 모순적일 것이다. 왜냐하면 그것은 인간의 물리적 부분은, 물리적 부분 이외에 무슨 다른 부분이 있건 없건, 비물리적이라고 말하는 것이 될 것이기 때문이다.

그런데 현상론phenomenalism이라 불리는 견해도 있다. 그것은 조지 버클리George Berkeley와 데이비드 흄David Hume의 업적에서 유래한 견해로서, 인간의 몸을 포함한 몸에 대한 진술을 실제적이고 가능한 경험들 또는 '관념들ideas'에 관한 진술로 분석한다. 관념이란 용어는 존 로크John Loke, 버클리, 흄, 그 밖의 영국 경험주의자들의 용어이다. 만약 이런 번역 프로그램이 성공한다면, 그것은 근본적으로 물리적 몸에 대한 진술을 가능하거나 실제적인 경험이나 감각 자료에 대한 진술로 이해하면서, 물리적 몸에 대한 모든 진술의 참을 **보존**할 것이다. 내 앞에 샌드위치가 있다고 말하는 것은 내 시야에 노르스름한 테두리(이는 샌드위치 가장자리에 늘어져 있는 치즈이다) 등등이 있는 담갈색 사다리꼴이 있다고 말하는 것이며, 또한 담갈색 사다리꼴이 앞으로 10분 안에 두개의 핑크 띠(이는 현상학적으로 해석된 나의 입술이다) 사이에서 사라질 것이라고 말하는 것이다.

현상론에 대한 수많은 반론이 상당히 영향력이 있었기에 남아 있는 현상론자들은 (또는 관념론자들은) 거의 없다. 내 생각에 가장 큰 반론은 어째서 경험이 그것이 나타나는 연쇄에서 나타나는지에 대한 설명이 없다는 것이다. 비현상론자들은 물리적 대상과 그것의 행동을 매우 자연스럽게 언급함으로써 이 점을 설명할 것이다. 그들에 의하면, 지각된 사다리꼴이 내 시야에 있는 두개의 핑크 띠 사이에서 사라진 이유는 샌드위치가 내 입에 들어갔기 때문이다. 그러나 이 설명은 현상론자들이 사용할 수 없는 설명이다. 그들은 샌드위치가 내 입에 들어갔기 때문에 사다리꼴이 핑크 띠 사이에서 사라졌다고 말하며 시작해야만 할 것이나, 그들에게 샌드위치가 입에 들어갔다는 진술은 결국 사다리꼴이 핑크 띠 사이에서 사라졌다는 진술이 되고 만다. 그런데 어떤 현상론자는 이런 걱정을 다룰 수 있다. 그 현상론자는 현상을 감지되거나 감지되지 않은 경험의 대상들 또는 버트런드 러셀Bertrand Russell이 감각 가능성으로서의 **감각대상**sensibilia이라 불렀던 것으로 간주하는 자이다. 앞으로의 설명들은 오직 물리학과 다른 과학들과 그런 과학들에 동의하는 상식이 말하는 표준 설명이다.

그러므로 현 시점에서 현상론을 방어할 방법들은 있다. 그러나 관념론에 대한 더 깊은 나의 질문은 마음도 몸도 **모두** 물리적이 **아닌** 경우, 어떻게 마음과 몸이 상호작용하는가이다. 우리가 관념론자라면 몸은 수량적 크기나 공간의 위치를 갖지 않는다. 사람들은 여전히 마음과 몸이 어떻게 상호작용하는지 알고 싶어 한다. 관념론이 주장하는 마음-몸 및 몸-마음 인과관계나 상호작용에는 매우 불분명한 점이 있다. 물리적인 것들이 물리적인 것들과 상호작용하는 이유는 물리적 입자들이 물리적 입자들을 밀치기 때문이다. 어떤 한 생각과 또 다른 생각은 마음-입자들이 마음-입자들을 밀침으로써 상호작용하는가? 그러나 마음-입자들은 없다. 그러면 이는 단지 마법의 문제인가? 이러한 어려움 뒤에는 마음-**마음** 상호작용에 대한 수수께끼가 있다. 느낌들 같은 심적인 것들은 생각들 같은 그밖의 다른 심적인 것들과 어떻게 상호작용하는가? 그것들 중 어느 것도 원인을 일으키는 물리적 질량과 에너지를 갖고 있지 않은 데도 말이다. 물론 이 마지막 질문은 단지 관념론을 향한 질문만이 아니기에 이후 반물리주의를 옹호하는 세 논증들을 살필 때 같이 다룰 것이다. 심적인 것과 심적인 것의 상호작용은 매혹적인 문제이지만 실제로 심-신 문제의 일부는 아니다. 심-신 문제가 심-심 문제에 무슨 빛을 비추건 심-신 문제는 심-심 문제가 아니다.

3. 세 가지 중요한 반물리주의 논증들

20세기 말과 21세기 초기에 물리주의는 심-신 문제에 대한 해결에 주로 이론적 방침으로 작동한 것 같다. 오늘날 철학자들은 아마 대부분이 물리주의자일 것임에도, 지난 세기 말에 상당수의 중요한 반물리주의적 논증들이 출현했을 때(나는 토머스 네이글Thomas Nagel, 데이비드 차머스David Chalmers와 프랭크 잭슨Frank Jackson에서 각각 하나씩 논한다) 물리주의자들로부터 만장일치의 반응은 없었다.[2] 그 논증들에 대한 물리주의자의 반응들은 무엇이며 그 반응들이 어떻게 작용했는지에 대한 연구, 즉 독일에서 **수용사**Rezeptionsgeschichte 라 불리는 논증 수용의 역사를 연구하는 일은 가치 있을 것이다. 사실상 물리주의자들의 **수용**은 도처에 있었던 것처럼 보인다. 필자와 같은 반유물론자들은 논쟁을 부르며 여러 논증들이 철학적으로 번성하는 것을 보며 좋아했고, 물리주의자들은 이에 당연히 비판적인 반응을 보였다.

이런 논증들에 대해 아는 것도 중요하다. 왜냐하면 그 논증들은 **무엇이** 물리주의를 좌절시켰는지를 또한 **어째서** 그것이 물리주의를 좌절시켰는지를 우리에게 말해줄 것이기 때문이다. 이 둘 모두 똑같이 중요하다. 논증 그 자체는 심-신 문제에 대한 해결을 제공하지 않는다. 그것들은 서로 다른 여러 해결들과 결합되어 있다. 예를 들어, 네이글의 논증은 단지 정신물리학적 이원론에 대한 지지로 간주되기도 하는데, 이는 잘못이다. 실제로 네이글의 논증은 우리의 심-신 문제 파악에 대한 회의주의를 옹호하는 논증으로서, 어떻게 이 회의주의가 극복될 수 있을까에 대한 몇 가지 흥미로운 힌트와 결합되어 있다. 차머스의 논증은 기능주의(비록 감각질에 대한 것은 아니어도)와 그 자신의 '자연주의적 이원론'뿐만 아니라 모든 종류의 이원론을 지지하기 위해 제공되었다 등등.

네이글의 논증은 세 논증들 중 아마도 가장 극적일 것이나, 그것의 결론은 셋 중 논리적으로 가장 약하다. 그의 결론은 물리주의가 거짓이라는 게 아니라, 비록 참일지라도 우리는 그것이 **어떻게 참일 수 있는지**를 알지 못한다는 것이다. 어떤 이가 상자에 번데기를 넣어 두고 번데기가 아침에 어떻게 나비로 변할 수 있었는지를 이해하지 못하듯, 우리는 우리의 경험이 물리적이라는 게 **어떻게** 참일 수 있는지를 이해하지 못한다. 물리적인 설명은 객관적이지만 '경험의 현상론적 특징들'—감각질—은 주관적이다. 그것들은 우리가 지닌 특수한 관점에 속하며, 그 관점으로부터 분리될 수 없다. 그러나 물리적 사고방식은 우리에게 주관적인 모든 것에 대한 어떤 이해도 제공하지 않으면서, 저 관점을 '점차적으로 폐기'할 것이다.

네이글은 박쥐가 된다는 것은 어떤 것일지를 이해하려는 모습을 상상해 보라고 한다. 박쥐의 주관적 경험은 그것에 대한 우리의 지식이 전적으로 외부적이기에, 우리에게는 닫힌 것이라고 그는 주장한다. 번개나 천둥과 같은 객관적 현상은 완전하게 그리고 객관적으로 이해될 수 있다. 박쥐의 의식에 대한 외계인의 주관적 경험은 완전하게도 객관적으로도 이해될 수 없다.

두 팔에 날개막이 있어서 황혼과 새벽에 날아다니며 곤충을 잡아먹는다. 시력이 너무 나빠서 반사된 고주파 음향 신호 시스템으로 주변 세계를 감지한다. 그리고 다락방에서 하루 종일 거꾸로 발로 매달려 지낸다고 상상하는 것은 도움이 되지 않을 것이다. 내가 (못 미치더라도) 이것을 상상할 수 있는 한, 그것은 박쥐가 행동하는 것처럼 행동하는 것이 **나**에게 무엇과 같을지를 말해준다. 그러나 문제는 그것이 아니다. 나는 박쥐가 되는 것이 **박쥐**에게 어떤 것인지를 알고 싶다.[3]

누군가 박쥐의 경험과 정확히 똑같다고 밝혀질 생생한 환각 경험을 할 수 있었을 것이라 보여도, 그것이 정확했다는 것은 결코 알 수 없을 것이다. 환각에는 나중에 어쩌면 동굴을 방문했을 때 완전히 정확하다고 밝혀질, 다른 박쥐들과 함께한 동굴 속 삶의 경험조차 포함되어 있을지도 모른다. 상상 가능한 것에 무슨 특별한 한계가 있을지가 의심스러운데, 그 한계에는 논리적으로 불가능한 것이 포함된다. 철학자들은 논리적으로 불가능한 것의 이미지화 가능성imaginabilty에 어느 정도 동의한다. 이 관점에서 본다면, 네이글의 요점은 실제로 상상력의 감각 경험 의존성을 표현한다. 그의 문제는 이른바 또 다른 마음들 문제가 아니다. 이는 가장 완고한 형태로 데카르트까지 거슬러 올라가는 심-신 문제와 같이, 우리가 다른 사람의 마음을 어떻게 알 수 있는가의 문제이며, 게다가 우리에게 경험으로 나타난 그 사람 몸의 외적 조건이나 행동을 아는 문제이기도 하다. 네이글의 문제는 오히려 우리 지식의 체계적 간극gap 문제로서 이는 우리가 집단이나 종으로서 갖는 특정한 생물학적 한계 때문에 일어난다. 예를 들어 우리는 어느 정도까지 ─ 정확하게 우리가 어떻게든 벌의 자외선 지각 체계들을 소유하고 우리가 되기를 멈추는 정도까지 — 벌이 **되지** 않고서는 벌이 자외선을 보는 게 어떤 것인지 알 수 없다.

그렇지만, 내가 당신**이 되어야만** 할 것이라는 이유로 당신과 같이 되는 것이 어떤 것인지를 상상할 수 없다고 주장할 수는 없다. 우리가 잘 아는 사람들, 아마 특히 그들이 곤경에 처했을 때 우리는 그들이 되는 것이 어떤 것인지를 어렵지 않게 상상할 수 있다. 우리의 공감 능력은 네이글이 인정한 것보다 더 크다. 사실, 만약 그의 논증이 타당하다면 우리는 절대로 **어떤** 공감도 지닐 수 없고 우리 모두는 사이코패스라는 게 된다. 만약 다른 사람이 가진 감정을 느낄 수 있는 것이 상식적으로 간주되는 공감이라면, 공감은 논리적으로 불가능하다.

그런데 나는 우리의 경험이 물리적인 것으로 환원될 수 없다는 점에서 네이글과 동의한다. 그러나 그가 말한 이유에서가 아니다. 소리라는 현상이 파동으로 환원될 수 없고 색깔이 전자기 복사로 환원될 수 없다. 그런데 이는 그 현상들이 특정 관점이나 주관성을 표현하기 때문이 아니다. 오히려 색깔과 소리가 파동이 아니며 그것들은 파동의 속성과 양립 불가능한 속성들을 소유하고 있다는 단순한 사실의 결과이다. 예를 들어 소리에는 음량은 있지만 진폭이 없다. 그래서 특정 소리에 대하여 음량이 아니라 진폭을 묻는 것은 이치에 맞지 않는다. 색깔에는 밝기가 있지만 진폭이 없다. 그래서 특정 색깔의 진폭을 묻는 것은 이치에 맞지 않는다.

네이글의 견해를 우리가 출발했던 일관성 없는 테트라드가 던진 심-신 문제의 지도에서 찾아보는 게 도움이 될 것이다. 네이글은 몸은 물리적이며 마음과 몸이 상호작용한다는 것을 확실히 받아들인다. 그는 또한 물리적인 것과 비물리적인 것들이 상호작용할 수 없다는 것도 안다. 그는 물리적인 것과 현상학적인 것 사이의 간극을 받아들인다. 그는 어쨌든 마음이 물리적이라는 것을 믿기 원하며, 따라서 그는 마음이 물리적이라는 게 어떻게 참일 수 있을지를 묻는 질문에 봉착해 있다. 그의 생각에 우리는 마음이 물리적이라는 게 참임is을 이해할 수 있고 심지어 이에 대한 증거를 가지고 있음에도, 마음이 물리적이라는 게 어떻게 참일 수 있는지can를 이해할 수 없다고 생각한다. 남는 것은 단지 물리주의에 난점이 있다는 것이며, 네이글은 그가 다소 모호하게 '객관적 현상학'이라 부른 것을 향하는 길이 취할 수 있는 올바른 방향이라고 제시한다.

상상력이나 **개념화** 그리고 **가능성** 개념들은 호주의 철학자 데이비드 차머스의 유명한 반물리주의 좀비 논증Zombie argument 에서도 네이글의 논증에서 한 역할과 상당히 똑같은 역할을 할지도 모른다. 1995년의 글「의식의 문제에 용감히 맞서기 Facing Up to the Problem of Consciousness」와 1996년 저서『의식적인 마음The Conscious Mind』에서 차머스는 우리의 세계는 의식을 포함하고 있다고 주장한다. 그러나 우리는 우리의 세계와 물리적으로 정확히 닮은 — **물리적으로** 동일한 — 세계, 말하자면 거기에서 차머스에 해당하는 생물체는 그와 물리적으로 동일하지만 의식은 지니지 않는 세계를 상상할 수 있다고 주장한다.[4] 이 생물체는 차머스 좀비가 될 것이다. 이런 완전히 물리적인 생물체의 가능 존재로부터, 의식은 물리적이지 않음이 도출된다 — 만약 의식이 물리적이라면, 좀비 차머스는 그것의 물리적 특성들, 특히 신경생리학적 특성들 때문에 의식을 가질 것이기 때문이다. 단지 존재한다는 것만으로도 그것은 의식적일 것이다. 그나저나 좀비 논증의 역사는 차머스 이전에 20세기 초기 철학으로 거슬러 가며, 결국에는 마음이 몸이 없더라도 존재해야만 할 가능성에 관한 데카르트의 고찰에까지 거슬러 올라갈 수 있다.

좀비들의 가능성에 대한 흥미로운 논증들이 있지만, 나에게는 그중 어느 것도 특별히 설득력이 없다. 예를 들어, 차머스가 모닝 커피의 냄새를 맡으며 "나는 커피 냄새를 맡는다"고 말한다고 해보자. 그가 말한 것은 참이다. 그러나 좀비 차머스는 어떤가? 그는 (또는 그것은) 그에게 고유한 감각질이 있다는 의미에서 커피 냄새를 맡는 게 아니다. 그래서 좀비 차머스가 "나는 커피 냄새를 맡는다"고 말할 때 그의 진술은 이 의미에서는 거짓이다. 따라서 반론은 두 존재들이 물리적으로 동일하지 않다고 나아간다. 그러나 물론 여기에 실제적인 어려움은 없는데, 왜냐하면 참과 거짓이 의미론적 개념이 아닌 물리적 개념이라고 추정된 적이 없으며, 많은 사람들이 물리적 개념이 아니라고 생각하며, 또는 그렇게 추정되었다면 그렇지 않았어야 했기 때문이다. 차머스 말의 참과 좀비 차머스 말의 거짓 사이의 차이가 정당한 **물리적** 차이를 성립시키지 않는다. 정당한 물리적 차이는 차머스의 말과 그의 좀비 쌍둥이 말과의 두 가지 논리적 관계들과 그 사실들로 구성된다.

차머스의 좀비에 대한 반론들 대부분은 좀비의 **가능성**에 대한 것이었으며, 추상적 가능성에 관한 정교한 고찰들을 전개했다. 좀비들은 **가능한가?** 그것들은 존재할 수 있을까? 만약 우리가 좀비들이 존재할 수 있다고 말한다면, 이는 물리주의에 호소하는 오류를 범하는 것 같다. 왜냐하면 우리는 물리적 좀비는 의식이 없다고 가정하고, 또한 좀비의 의식 같은 것은 없기 때문에 좀비의 물리적 부분은 좀비의 의식에 책임이 없다고 가정하고 있기 때문이다. 반면 만약 우리가 의식 없는 좀비들은 존재할 수 없다고 한다면, 이는 그저 물리주의를 가정하고 나서 반물리주의에 호소하는 오류를 범하는 것으로 보인다.

좀비 논증에 대하여 결정적이지는 않더라도 좀 더 간단한 반론은, 좀비에게 의식이 없다는 말은 물리주의에 호소하는 오류를 범한다는 것이다. 예를 들어, 중추-상태 유물론자는 차머스의 뇌를 포함하는, 차머스의 물리적 부분은 의식이 **있다**고 말할 것이며, 또한 전제에서 이와 다르게 말하는 것은 그저 물리주의의 부정을 **진술**하는 것이지 옹호하는 게 아니라고 말할 것이다. 문제는 좀비에게 의식이 **있다**고 가정하는 것이 통하지 않을 것이라는 것인데, 왜냐하면 논증 없이 물리주의가 참임을 가정하는 것도 마찬가지로 통하지 않을 것이기 때문이다. 여기에서 승리가 어디에 있는지는 불분명하지만, 차머스가 감각질에 대한 심-신 문제의 긍정적 해결책에 대하여 훗날의 글들에서 말해야만 하는 것은 속성 이원론의 한 형태가 될 것 같아 보인다. 마음과 몸은 상호작용하는데, 그 둘이 별개가 아니기 때문이라는 차머스의 입장은 이원론이 아니다. 그러나 좀비 논증에서 보았듯이 마음은 비물리적 속성들을 가지고 있다. 차머스에게 심적인 것은 물리적인 것으로 환원되지 않는다. 차머스는 속성 이원론자이지만 차이점이 있다. 차이점은 마음이 비물리적이라는 명제를 다루는 그의 방식에 있다. 어떤 의미에서 차머스는 이 명제를 부인한다. 마음은 완벽하게 물리적이다. 그러나 다른 의미에서, 그는 마음에 대한 주장은 그 어떤 물리적인 것에 대한 주장으로 **환원**되지 않는다는 점에서 마음은 또한 비물리적이라는 명제를 받아들인다. 말하자면 우리는 내가 생각하고 있는 것에 대해 어떤 명제를 취해서 그것을 뇌의 신경회로에 대한 명제로 **환원**시킬 수 없다. 그럼에도 불구하고 나의 생각은 내 뇌의 신경회로이다. 이 입장은 이전의 중추-상태 유물론자의 견해를 상기시킨다. 이 견해에 따르면 '유전자'는 'DNA'를 **의미**하지 않지만 그럼에도 불구하고 유전자는 DNA이며, '마음'은 '중추 신경계의 관련 부분cNs'을 **의미**하지는 않지만 그럼에도 불구하고 마음은 중추 신경계의 관련 부분**이다.** 중추-상태 유물론자들과 차머스 모두 마음이 비물리적이라는 첫 번째 명제에서 애매성을 간파하고, 두 가지 다른 의미로 그 명제를 긍정하고 또 부정하면서 그들의 몫을 차지할 수 있다. 즉, 그 명제는 속성이라는 의미에서는 참이며, 실체 또는 사물이라는 다른 의미에서는 거짓이다.

그럼에도 불구하고 심적 상태가 물리적 상태**일 수도** 있는 방식은 여전히 골치 아픈 질문이다. 이것은 우리가 무엇을 말하고 생각하는가의 문제가 아니라, 이탈리아에 계신 내 할머니에 대한 나의 생각을 일련의 신경세포 발화로 생각해야 하는 방식의 문제, 또는 일련의 신경세포 발화로부터 '출현하는 emerging' 혹은 '수반하는supervening' 무언가로 생각해야 하는 방식의 문제이다. 이 점이 네이글의 걱정거리이다. 연속된 일련의 신경발화 사건이 내가 이탈리아에 계신 내 할머니를 생각하는 사건으로 이어져 나아가는, 그런 사건들의 연쇄를 따르고 있다는 것을 우리는 상상할 수 없다. 이런 이유로 네이글과 비슷한 사고방식으로 그를 따랐던 사람들은(차머스, 프랭크 잭슨, 조지프 레빈Joseph Levine, 콜린 맥긴Colin McGinn이 가장 눈에 띄는 사람들이다) 의식의 신비를 선포하는 '신비주의자들'로 함께 묶였다. 그러나 그 단어는 실제로 차머스와 잭슨에게는 잘 맞지 않는다. 이들은 그냥 반물리주의자로 서술되는 게 훨씬 나을 것이다.

차머스는 또한 그가 '범원형심론panprotopsychism'이라 부르는 범심론panpsychism의 한 형태에 대해서도 논의했다. 범심론은 심적인 것은 물리적인 것과 함께 처음부터 세상에 내장되어 있어서, 근본적인 물리적 대상들에게는 심적 또는 의식적 상태들이 있다는 견해이다. 마치 신이 근본적인 물리적 상태들을 창조할 때마다 이에 평행하는 심적 상태들을 창조할 수밖에 없을 듯하다. '범원형심론Panprotopsychism'은 인쇄 오류 뭉치로 보이지만 그렇지 않다. 그것은 근본적인 물리적 대상들에는 '원형의식적인protoconscious' 상태들이 있다는 견해이다. 이 상태들은 의식적 상태의 전구물로서, 비록 그 자체는 의식적 상태가 아니더라도 그것들의 결합이나 집합으로부터 의식적 상태들이 출현하도록 함께 야기할 수 있다. 원형의식적인 상태는 집합적으로, 오직 집합적으로만, 의식적 상태**이다**. 이제 나에게 차머스의 견해는 창발론이나 어쩌면 부수현상론의 한 형태처럼 보인다. 차머스의 견해에는 그러한 견해들이 지닌 문제점들의 일부가 있으며, 그 밖에 여하튼 원형의식적 상태들은 좀 더 원시적 의미에서 이미 의식이 있다고 생각되는 점을 시사하는 것 같아 보이는 난점이 있다. 왜냐하면 만약 원형의식적 상태들이 개별적으로 의식을 결여한다면, 그것들의 집합이 어떻게 의식을 가질 수 있을지를 알기가 정말로 어렵기 때문이다. (이러한 종류의 어려움을 '결합 문제'라 한다.) 그리고 차머스의 견해는 심-신 문제를 우주적 크기로 부풀리는 것처럼 보인다. 심-신 관계는 심령적 부분을 지닌 우주의 모든 부분 하나하나(이것이 '범 pan' 부분이다)에 출현할 것이다.

차머스 자신은 범심론 옹호 논증들이 건전하다고는 확신하지 않는다고 말하지만, 그것들이 건전하지 않다고도 확신하지 않는다. 문맥으로 읽어낸 그의 발언들은, 적어도 그가 자신의 견해를 제시한다고 보일 정도로만 범심론 옹호 논증들에 공감을 보여도, 그 밖의 다른 방향으로 진행되는 그의 논증들에서는 똑같은 흥분의 돌진이 느껴지지 않는다. 그 자신의 프로젝트는 물리적인 것과 비물리적인 것들이 상호작용할 수 있거나, 또는 상호작용의 역할을 하는 뭔가를 할 수 있는 방법을 알아내는 일 중의 하나로 보인다. 예를 들어 그는 **정보**information가 물리적 상태와 감각질을 휴대한 상태 둘 다 있는 근본적인 무언가의 역할을 수행할 수도 있다는 가설을 제시한다.

그러므로 정보는 어떻게 해서든지 나타날 수 있을 것이며, 이 것은 일종의 상호작용으로 간주될 수도 있을 것이다. 이는 흥미로운 추측이지만 그 이상은 아니라고 생각한다. 왜냐하면 비트 흐름 속에 있는 일련의 비트들이 ― 예를 들어 원거리 통신 네트워크에서 이동하는 광 정보로서, 그것은 광섬유의 한 지점에서 연속적인 명암 상태들의 깜박임 또는 0과 1들로 구성되어 있다 ― 어떻게 감각질이나 의식의 흐름으로 탈바꿈할지를 알기가 매우 어렵기 때문이다. 그것은 성경책에 나올 만한 사건일 것이다.

그런데 차머스는 그의 견해가 바로 좀비 논증의 부수현상론적 함의들을 완화시키는 일을 할 수 있어도, 매우 사변적인 이론이라는 점을 인정할 준비가 되어 있다. 좀비들은 몸으로는 의식 있는 그들의 상대자들처럼 행동하는데, 그러면 이 경우에 의식이 어떻게 물리적인 것에 어떤 영향을 미치는지를 이해하는 데 문제점이 있어 보인다. 결과적으로 차머스의 생각은, 우리는 의식과 물리적인 것이 어떻게 함께 일할 수 있는지를 알기 위해, 또는 물리적인 것과 비물리적인 것들이 상호작용할 수 없거나 혹은 상호작용처럼 뭔가 좋은 일을 할 수 없다는 것이 어떤 식으로 거짓일 수 있는지를 알기 위해 노력해야 한다는 것이다. 나는 이 모든 것에 조금도 확신이 서지 않는다. 왜냐하면 어떻게 '정보'(1과 0들)와 같은 어떤 디지털적인 것이 빨강 색으로 탈바꿈할 수 있을지를 정말 알 수 없기 때문이다. 이것은 정말 너무 터무니없다. 중앙처리장치CPU 안에서 윙윙거리는 정보는 그 자체로부터 빨강을 산출하지 않는다. 색깔이 컴퓨터 모니터에 나오더라도 이것은 그런 정보로부터가 아니라, 조율된 물리적 및 광학 효과를 형광점에 산출하는 코드들 그리고, 예를 들어 빨강과 녹색의 광학적 융합으로 노랑색을 만드는 눈의 조력에서 나온다. (노랑은 TV 화면 상에는 물리적으로 존재하지 않는다. 이는 성능 좋은 돋보기로 검사하면 확인할 수 있다.) **어떤** 효과들이 발생하느냐는 모니터에 제공된 정보에 달려 있다. 그러나 나타나는 색이 그렇게 나타나는 이유는 색채 과학에 상술된 평소의 물리적 및 심리적 이유들 때문이며, 대체로 그 이유는 형광점을 때리는 전자빔들이 어떻게 상이한 색을 생산하는지에 대한 설명에서 나오지 순수한 정보 이론에서 나오지 않는다.

좀비 논증과 관련된 논쟁은 또 다른 호주 철학자인 프랭크 잭슨에 의해 제안되었다. (어째서 가장 우수한 반물리주의 논증의 3분의 2를 호주인들이 하고 있을까? 추측컨대 이전 세대 호주의 철학자들은 미국을 제외한 그 어느 나라보다 선두적인 물리학자들을 더 많이 지녔을 것이고, 결과적으로 반물리주의적 논증들은 만연하는 견해에 대한 반발이었을 것이다. 아니면 아마 뭔가 다른 것이 있을 것이다.)

물론 반물리주의 논증들은 세 가지 이상이지만 여기에서 논의하는 세 논증들이 더 영향력 있었고 가장 많이 논의되었다. 「부수현상적 감각질Epiphenomenal Qualia」에 있는 잭슨의 논증은 단순함 그 자체이다. 그는 우리에게 그가 메리라고 부르는 뛰어난 색채 과학자를 상상해 보라고 한다. 메리는 흑백 환경에서 자라나고 지금도 그 환경에서 살고 있다. 그녀는 신경과학을 포함하여 완결된 색채 물리과학이 제공하는 모든 정보를 소유하고 있다는 의미에서 '명석하다'. 그녀는 이 모든 정보에 능통하다. 이제 그녀가 문을 열고 그 무채색 환경을 떠나는 날이 왔다. 그녀는 다채로운 세계로 발을 디딘다. 그녀의 색 식별 체계가 상당히 빨리 작동하기 시작한다고 가정하면 그녀는 어떤 새로운 정보를 획득할 것으로 보인다. 그녀는 새로운 것을 배운다. 잭슨은 그렇게 말하고 싶지 않더라도 우리는 아마 그녀가 결국에는 붉은색이 무엇인지is, 푸른색이 무엇인지, 등등을 배운다고 말하고 싶어 할 수 있다. 어쨌든, 그녀는 이런 색들이 어떻게 보이는지look를 배운다. 그런데 그녀가 새로운 것을 배웠고 총체적인 물리적 정보 이외의 정보를 얻었다면, 모든 정보가 물리적인 정보는 아니다.

　　잭슨은 같은 논문의 별개 논증에서 '표준 인간 관찰자들'이 보지 못하는 색을 보는 프레드라는 인물도 묘사한다. 세계의 모든 물리적 정보는 이 새로운 색 — 아마 그것은 빨강 색조일 것이다 — 을 보지 **못하는** 관찰자(나는 그를 프-레드라고 부를 것이다)가 프레드가 보고 있는 것이 무엇인지를 아는 데 도움이 안될 것이다. 프-레드는 그녀의 방을 떠나기 전의 메리와 같다. 프-레드는 존재하거나 존재할 수 있었을 모든 물리적 정보를 가지고 있지만, 그는 여전히 프레드가 무엇을 보는지 모른다. (잭슨은 물론 어떤 새로운 색이 있을 수 있다고 가정하고 있으며, 이점은 당연히 논란이 되어왔다.)

잭슨의 두 논증은 모두 타당해 보인다. 만약 그 논증들이 타당하다면, 그것들은 마음이 비물리적임을 입증하거나 아니면 적어도 우리에게 마음에 관한 비물리적인 정보가 있음을 입증한다. 그런데 그만 잭슨은 그의 논증을 발표하고 나중에 그것을 취소했다. 그는 그것이 이원론으로 나아갔으며, 그 이원론이 부수현상론적이라고 결론 내렸다. 이는 그가 옹호했던 비물리적 특성을 가진 질적 상태들이 비록 존재한다 해도 인간 행동에는 어떤 영향도 미치지 못한 채 존재한다는 것을 의미했다. 그것들은 존재하지만 어떤 영향도 미치지 않는다. 그러나 부수현상론은 믿기 어려운데, 왜냐하면 우리가 이전에 보았듯이 적어도 그것은 이원론의 모든 문제들과 그 자체의 문제도 갖고 있기 때문이다. (**양-방향** 부수현상론은 좀 나을 수도 있지만, 그것은 그저 이원론적 상호작용론이다.) 잭슨은 자기 변절의 일환으로서, 일반적으로 감각 경험은 **표상**representation이며,

따라서 감각 경험에서 중요한 것은 그것이 주는 정보이지 그것의 질적 특성이 아니라고 믿게 되었다. 아니 더 정확히 말하면 감각 경험의 질적 특성이 표상**이다**.

이것은 택하기에 좋은 방식인가? 그 안에 오직 인식자와 인식자의 질적 경험인 단일 감각질 둘만 지닌, 유아론적인 두-실체 우주가 존재한다고 가정하자. **가설에 따라서** ex hypothesi 감각질이 표상할 것은 아무 것도 없지만, 인식자가 그것을 경험한다는 것은 부인할 수 없어 보인다. 우리는 그걸 즐기게 될 수 있을 것이라고 생각할지 모른다.

세 가지 반물리주의적 논증들에 어떤 공통점이 있다는 것을 느낄 수밖에 없다. 물론 그것들의 결론이 정확히 똑같지는 않다. 네이글의 논증은 우리의 첫 번째 명제("마음은 비물리적이다")가 어떻게 거짓일 수 있는지를 우리는 알 수 없다고 결론 내린다. 그럼에도 그 명제는 거짓인데, 왜냐하면 물리주의가 참이기 때문이다.

좀비 논증은 차머스 좀비가 가능하다는 사실로 시작한다. 만약 좀비가 존재한다면, 그는 또는 '그것은' 아마 의식이 없을 것이다. 그것은 차머스의 물리성 전체와 물리적으로 동일하다. 그러나 차머스에게는 의식이라는 그 이상의 것이 있다. 따라서 의식은 물리적이지 않다. 잭슨의 논증처럼 차머스의 논증도 마음은 비물리적이며 물리주의는 거짓이라는 명제로 결론 내린다. 잭슨은 자신의 심-신 문제 논증이 갖는 부수현상론적 함축을 빨리 깨닫고 자신의 논증을 폐기했다. 차머스는 이원론이 참일 수 있는 방법들을 보려는 용감무쌍한 노선을 취했고, 이것이 그가 범심론을 고려하도록 이끌었다. 그의 견해들은 심-신을 매우 진지하게 다루고자 무슨 준비건 되어 있는 사람의 것이며, 범심론은 비록 기이하게 보일지 모르나 이 진지함의 반영이다.

심-신 문제는 물론 의식의 문제도 쉽게 사라지지 않을 것이다. 의식은 더욱 열렬한 '감각질 열광자들'이 생각하는 것보다 일반적인 마음의 문제에서 덜 중요할 수도 있지만, 세 가지 반유물론적 논증들이 그것의 실재와 중요성을 증명한다. 네이글에게 마음은 물리적이다. 그러나 우리는 그것이 어떻게 가능한지를 알 수 없는데, 이게 심-신 문제의 힘이다. 만약 우리가 어떤 것이 어떻게 가능한지 알 수 없다면, 그것이 가능하다고 믿는 자들의 견해를 존중해야만 한다. 그러나 이는 심-신 문제에 대한 해결이 아니다. 그것은 물리주의는 참이지만, 이해할 수 없다는 선언이다. 그런데 이 주장의 전반부는 거짓이더라도, 이 주장의 후반부는 참이다.

잭슨과 차머스에게는 마음의 질적인 부분은 비물리적이며, 따라서 그들은 이원론자이다. 잭슨의 이원론은 부수현상론적이며, 그는 결국 그것이 그가 수용할 수 있는 입장이 아님을 깨달았다.

차머스는 그의 주장을 굽히지 않고, 이원론을 사물의 구조 안에 구축한 범심론 같은 색다른 이론들을 가지고 놀았다. 여기에서 곤경은 차머스 역시 데카르트가 설명할 수 없었던 바로 그 점을 설명하지 못한다는 것이다. 심지어 범심론자라면 심적인 것과 물리적인 것의 관계에 대해 일관성 있는 설명을 할 수 있어야만 하는데, 그렇지 못하다. 그의 입장은 심-신 문제를 부채질하는 '자료'(모순적인 테트라드)를 인식하는 정도까지만 충분히 건전하다. 문제는 심-신 문제가 전 우주에 걸쳐 똑같은 문제로 확대된다는 것이다. 어째서 우리가 이미 가지고 있는 것보다 더욱 더 많은 심-신 문제의 사례들을 무한하게 제공하는가? 물론 범심론자들은 문제의 사례 하나가 해결되면 모든 사례들이 해결될 것이고, 따라서 숫자는 중요하지 않다고 반론할 수 있다. 하지만 어느 쪽이든, 해결책은 찾아져야 할 곳에서 찾는 것이 더 낫다.

다음으로 심-신 문제에 제공된 과학적 해결책들을 살펴보자.

과학과 심-신 문제
의식

1. 서론

마음과 심성mentality에 대한 과학적 연구의 모든 측면을 고찰하기는 불가능할 것이다. 그 연구는 발전되어 왔고 매우 최근에만 해도 기억, 주의력, 등등에 대한 연구와 같은 주제로 진행되고 있다. 그래서 나는 단지 마음의 한 부분인 의식에 대해 행해졌던 최근의 연구를 마음에 대한 과학적 연구의 대표로 다룰 것이다. 비록 의식에 대한 과학적 연구와 마음 및 심-신 문제와 관련된 또 다른 주제들에 대한 과학적 연구 사이에 중요한 차이들이 확실히 있을지라도, 나는 그것이 심-신 관계들에 관한 과학적 사고가 어떻게 진행되고 있는지에 대한 올바른 생각을 줄 것이라 생각한다.

1990년대 과학자와 철학자들 사이에 의식이라는 주제에 관심이 급증했다. 그 주제는 약 100년 동안 정체해 있었다. 이 책이 사상들의 역사에 대한 책은 아니지만, 의식에 대한 관심이 재등장한 부분적인 이유는 기존의 유물론적 또는 물리주의적 철학 이론들의 효력이 다 떨어지고 결점이 발견되었기 때문으로 보아도 타당할 것이다. 의식은 환원주의적 철학 이론의 침식에 저항했고, 그래서 과학적 관점에서 의식에 대해 다시 자유롭게 생각하기 시작하는 게 받아들여지게 되었다. 그 밖에 할 것이 있었나? 물론 철학자들 또는 일부 철학자들은 의식에 대한 생각을 결코 멈추지 않았다. 그런데 결과는 역설적으로 과학자들로부터 흥미롭고 강력한 유물론적 또는 물리주의적 이론들의 부활이었다. 그들은 붙잡기 어렵고 볼 수 없으며 형태도 없는 야수와 맞붙어 싸우는 게 가능하다는 걸 깨달았다. 예를 들어 줄리오 토노니Giulio Tononi의 연구는 철학자들이 늘 그래왔듯이 어느 정도 의식의 개념을 해명하려는 시도로 진행된다. 즉, 이전처럼 의식을 정의할 수 없는 자료로 간주하고 의식의 몇몇 신경 상관물들neural correlates을 경험적으로 정렬시키면서 진행하지 않는다.

데카르트의 견해에서 마음, 생각, 자아는 모두 똑같은 것이며 비물리적이고 의식적인 것이다. 이 견해로 그는 앎과 연관된 마음 상태에 대한 압도적인 단순화와 비상하게 예리한 견해를 가질 수 있었다. 그러나 이는 분명히 틀렸다. 의식하지 못하는 자아의 '부분들'이 있고, 어떤 생각은 자아 없이 계속된다. 의식에서 '자아'의 역할은 어쨌든 불분명하다.

의식에 대한 과학적 설명들을 검토할 가치가 있는 이유는 오직 그것들이 지금도 철학자들이 먼저 발견하고 연구해 온 심-신 문제의 쟁점들에 대해 충분히 민감해 보이지 않기 때문이다.

2. 버나드 바스와 전역 작업공간 이론

버나드 바스Bernard Baars는 1980년대 초에 의식에 대한 '전역 작업공간 이론global workplace theory'을 처음 제안했고, 그 이후 혼자 또는 다른 사람들과 함께 그 자신의 이론에 대하여 대대적으로 글을 써왔다. 바스가 몹시 사용하고 싶어 하는 시사적인 데카르트적 이미저리imagery(육체적인 감각이나 마음속에서 발생하여 언어로 표출되는 이미지의 통합체 – 옮긴이 주)에도 불구하고, 내가 보기에 그 이론은 완전히 물리주의적이다. 예를 들어 그는 감각에서 유래한 정보가 그 위에 아니 더 적합하게는 그 **안으로** '투사되는' 의식적인 '내부 극장inner theater'에 대하여 글을 쓴다. '내부 극장'이라는 구절은 길버트 라일의 『마음의 개념』에서 유래했으며, 라일에게는 데카르트의 마음 개념과 마음과 몸의 관계들에 대한 특징적 묘사를 조롱하고자 하는 의도가 부분적으로 있었다. 라일은 또한 '데카르트적 신화'를 '기계 속 유령 신화'와 마찬가지로 혐오스럽게 묘사했다. 바스가 의식을 어두운 극장의 조명으로 묘사하는 것을 비롯한 이원론적 **이미저리**에 대해 편안한 이유는 실제로 그가 전역 작업공간을 전적으로 신경세포들의 물리적 활동이라는 점에서 이해하기 때문이다.

바스의 주장에 따르면 뇌에는 그가 '전역 작업공간'이라 부르는 세포들의 네트워크가 있다. 그것은 다양한 이미지와 진술들이 그 위에 '투사되는' 작업 칠판과 같다. (물론 이것은 이미지와 진술 및 신경세포·발화 간의 관계를 묻는 질문을 제기하는데, 이게 바로 심-신 문제이다!) 일부 이미지와 진술들은 지워진다. 그러나 일부는 생존한다. 시각적 의식, 청각적 의식, 등을 다루는 영역들 같이 모두 어느 정도 국지화되어 있는 뇌의 분리된 영역의 세포들은 전역 작업공간에 신호를 보내고, 이런 신호들이 분산된 네트워크에 의해 선택되고 방송되면, 우리는 발송된 정보에 대한 의식을 가진다고 바스는 주장한다.

우리가 의식하는 것이 사물도 감각질도 아닌 정보라는 것은 바스 견해의 결함이다. 또한 의식을 구성하거나 유발하는 것이 그저 전역 작업공간 속 정보의 현존인지, 아니면 방송 그 자체가 의식인지의 여부도 명확하지 않다.

바스는 그의 이론과 의식의 '어려운 문제'와의 관련성을 격렬히 부인하는데, 그러나 그러면 그것이 어떻게 **의식**에 대한 이론이 될 수 있을지를 알기 어렵다. 엄밀히 말해 바스의 이론이 함의하는 것이 동일론일 때 — 의식은 방송할 때의 전역 작업공간**이다** — 그는 사실상 의식이 전역 작업공간에서 **출현하는** 일종의 창발론을 선호하는 것처럼 보인다.

그 이론의 곤혹스러운 또 다른 측면은 전역 작업공간이 뇌 전체에 분산되어 있기 때문에 들어오는 감각 신호들이 단일 공간 지점에서 끝날 필요가 없다는 것이다. 누구든 전역 네트워크 안에 각기 다른 지점에 있는 정보의 현존이 어째서 의식이 되기에 충분할 만큼 통합된 것으로 간주될 수 있을지 궁금해할 수도 있다. 그럼에도 불구하고 활동 세포들이 어디에서 발견될 것인지는 아마도 경험적 질문일 것이며, 마찬가지로 전역 작업공간에서의 활동이 정말로 의식과 연관되는지의 여부도 정신물리학의 경험적 질문이다. 25년이 지난 후 최근에야 연구자들은 바스 이론에 대한 증거가 될 수도 있을 것을 어느 정도 발견했다. 2009년, 뇌전증 환자들의 뇌에 이미 자리한 전극들에서 얻은 기록은 대뇌피질 대부분에 걸쳐 증진된 조정 활동을 보여주었는데, 대뇌피질은 의식적 인식 동안 특별히 고밀도의 연결들을 지닌다. 반면에, 이 증거는 또 다른 여러 이론들에 대한 증거일 수도 있는데, 그중 몇몇 이론들은 이 장의 뒤에서 논의된다.

바스의 이론의 흥미로운 점들 중 하나는 그것이 의식의 **기능**에 대해 말해야만 하는 것이다. 전역 작업공간 이론에 따르면, 의식이 하는 것은 각기 다른 수많은 신경망을 연결하면서 정보를 통합하고 선택하며, 통합된 정보를 의사결정, 행동, 심사숙고, 상상력, 등등을 위해 사용 가능하게 만드는 것이다. 그 이론이 제공해야만 하는 중요한 것은, 전역 작업공간에 단기 메모리로 배치된 것은, 비록 오랫동안은 아닐지라도(대략

100밀리초 동안), 이런 다른 심리적 과정들이 그 후에 사용할 수 있다는 제안이다. 이후의 과정들은 작업공간의 출력 자료인 의식의 재료를 그것들의 재료로 취하고, 그것들을 자신들만의 특징적 방식으로 사용한다.

의식의 가장 주요한 기능적 역할은 다른 경우에는 자율적으로 작동하는 특수화된 수많은 네트워크들의 기능을 통합하고, 거기에 접근하며, 조정하기 위해 극장 구조를 뇌에서 작동하게 하는 것이다.[1]

그런데 이 관점에서 보면 바스가 제안하고 있는 것 또한 기능주의처럼 보인다. 전역 작업공간 개념은 뇌의 물리적 장소 개념이 아니라 여러 네트워크에서 일어나고 있는 것 간의 기능적 관계 개념이다. 그의 이론을 따라가기 무척 어렵게 만드는 것은 그것이 창발론, 동일론, 기능주의의 혼합이라는 점, 그리고 바스는 그의 견해가 양립할 수 없는 철학적 마음 이론들을 뒤섞고 있음을 전혀 자각하지 못한다는 점이다.

3. 프랜시스 크릭과 크리스토프 코흐, 35~70Hz 가설과 뇌의 전장Claustra

그런데 마음은 그다지 통일되지 않았다. 전역 작업공간 이론에는 **실례**지만, 마음 안에서 어떤 하나의 것은 다른 것과 완전히 독립적으로 진행된다는 의미에서 그렇다. 어떤 무의식적인 연관 없는 생각들의 흐름은 기억에 의해 방해받을 수 있으며, 부지불식간에 계산 결과들이 명백한 이유 없이 갑자기 나타날 수 있다. 우리는 "오! 그래서 그게 답이다!"라고 말한다. 그것이 정확하게 무엇을 의미하든 마음의 통일은 부분적이며 시간과 장소와 이전의 마음 상태에 상대적이고, 다른 것들에도 마찬가지임은 의심할 여지가 없다. 나는 이런 모든 것을 경험적 사실로 여긴다.

그런데 의식은 이와 같지 않다는 것을 어떤 식으로든 관찰 가능한 경험적 사실로 간주하는 사람들도 많다. 의식은 통일되어 있다는 것이다. 그것은 그 자체 경험의 한 '장field'으로 나타나거나 적어도 그렇다고 추정된다. 나는 이 주장에 회의적이다. '장'이라는 은유는 의식에 거의, 또는 아무것도, 결코 아무것도 더하지 않는다.

시각적 의식조차 단일체가 아님을 깨닫기 위해서는 우리가 볼 수 있는 것의 가장자리들에서 일어나는 시각적 인식의 퇴

색을 생각하기만 해도 된다. 시각적 인식의 강도는 나이가 들면서 떨어진다. 그 안에는 사각 지대와 같은 구멍이 있으며 시력은 기분에 따라 변할 수 있다. 또한 시각적 인식을 방해해서 물체를 보고도 물체를 알아볼 수 없는 시각실인증visual agnosia과 같은 현상들도 있다. 그리고 수면이 있는데, 그것은 의식의 시간적 통일에 큰 구멍을 뚫는다.

의식은 그 자체 무슨 종류로든 통일된 '장'으로 '나타난다'는 주장에는 강한 언어적 요소가 있다 — 어쨌든 통일되지 않은 **장**은 무엇이 될까? 여기에 있는 언어적 요소란, '의식'이 예를 들어 "그는 의식consciousness을 회복했다"에서는 명사로, "사진기를 의식하지conscious of 마세요"에서는 전치사가 뒤따르는 부사로, "우리는 속았다는 것을 의식하게conscious that 되었다"에서는 "~는 것that"과 같이 명사절을 소개하는 관계 대명사가 뒤따를 수 있다는 것이다. 따라서 의식에 대한 주장이 거짓이 아닌 한, 의식의 대상들은 바른 문법으로 묶여 의식에 존재하게 되고, 의식으로 주체에게 전달된다. 더 적절하게 말하면, 그것은 마치 어떤 이가 **무엇이든 가방 속에 있는 것**이라는 개념을 지니고서 가방 속 모든 것을 살펴본 다음, 가방의 '장' 또는 '가방 속 모든 것들의 통일성' 또는 '가방임의 통일성'이라는 놀라운 발견을 하는 것과 같다. 만약 어떤 것이 가방에 없다면, 그것은 이 통일의 일부가 아니다. 그리고 만약 의식의 요소들이 의식되지 않는다면, 그것들은 의식의 밖에 있는 것이어서 통일된 장으로 통합되지 않을 것이다. 따라서 의식의 통일성은 단지 '의식적' 문법의 인공물로 보인다.

여기에 또 다른 명백한 문제가 있다. 가방에는 자재material가 있다. 소위 포대자루sackcloth는 문자 그대로 가방에 있는 것들을 담는다. 그러나 의식에는 어떤 자재도 없다. 의식은 아무 것도 필요로 하지 않는다. 왜냐하면 의식의 '요소들'은 그것들을 담고 있는 자재가 그것들을 담기를 멈추어도 의식에서 떨어질 위험이 전혀 없기 때문이다 — 떨어진다면 그것들은 그야말로 의식의 요소들이 아닐 것이다.

내가 여기에서 말하고 있는 유형의 언어적 견해는 50년 전에는 다소 호평을 받을 만했어도 오늘날에는 일반적으로 전혀 그렇지 않다. 일부 인지과학자들은 그들이 의식의 통일 현상으로 간주하는 것을 '결속 문제the binding problem'로 알려진 더 협소하고 명백히 더 다루기 쉬운 문제로 축소함으로써 밝히려고 했다. 내가 빨간 정사각형과 파란 원을 보고 있다고 가정하자. 아무튼 이런 인지과학자들에 의하면, 나는 결국 실제로 거기에 있는 것(빨간 정사각형과 파란 원)을 보며, 빨간 원과 파란 정사각형을 보게 되지 않는다. 나는 모든 요소들을 뒤범벅이 된 집합으로가 아니라 올바른 방법으로 정돈된 것들로 본다.

그러면 더 커다란 '복합intermodal' 결속 문제가 있다. 시각적 요소들은 자신들을 의식 안에서 발견하는데, 그러나 청각적 요소, 촉각적 요소 및 나머지 모두도 마찬가지이다. 상이한 모든 감각과 우리 마음의 모든 내용 전달은 의식에서 하나로 합친다. 무엇이 상이한 이 모든 것들을 하나의 통일로 묶는가?

비복합과 복합 결속 양쪽 모두에서 언급한 곤란함은 소위 색과 형태, 또는 색과 소리를 다루는 뇌 영역들이 완전히 상이한 영역이라는 점이다. 색채 정보는 뇌 영역 V1, 1차 시각피질, V2, V4에서 처리되는 반면, 형태는 대상 처리 또는 형태를 다루는 외측 후두피질인 LOC에서 처리된다. 실제로 V1 활동은 LOC 활동에 의해 실제로 **억제된다**는 fMRI(기능적 자기공명영상)의 증거가 있다.[2] 색채 정보와 형태 정보는 뇌에서 분리되어 있다. 그것들은 아마 다시 합쳐져야만 할 것이다. 이것은 두뇌의 어디에서 발생하는가? 그리고 그것들은 어떻게 올바른 방법으로 합쳐지기에 빨간 정사각형과 파란 원이 파란 정사각형과 빨간 원으로 바뀌지 않는가?

물론 대답은 그것들이 뇌의 아무 곳에서나 아무 방법으로 합쳐지지는 않는다일 것이다. 이것은 확실히 철학자들에게는 흥미로울 것이나 과학자들에게는 실망스러울 것이라고 말하는 게 공평하며, 그래서 어째서 우리가 파란 정사각형과 빨간 원이 아니라 빨간 정사각형과 파란 원을 보는가를 묻는 질문은 대답 없이 남을 것이다. 다른 한편, 모든 정보를 뇌의 물리적 장소 한 곳에서 합치는 것이 무슨 도움이 될지 알기 어렵다.

그러한 질문들에 대한 답변들을 경험적으로 또한 과학적으로 한 순간에 발견하는 것은 분명 멋진 일이 될 것이다. 왜냐하면 (1) 영감에 의한 추측은 거의 확실히 틀리며 (2) 빨간 정사각형과 파란 원이 인간 뇌에서 다시 합쳐지는 메커니즘은 추측을 따라야 하는 문제가 아니라 신중한 생리학적 연구와 인지과학을 따라야 하는 문제이기 때문이다. 그것들은 프랜시스 크릭Francis Crick이 솔크 연구소Salk Institute에서 크리스토프 코흐Christof Koch와 함께 신경 활동에 기초한, 의식에 대한 기계론적 또는 물리주의적 이해를 추구하면서 그의 인생 후반부를 바친 그런 질문들이다. 그러나 그들은 하나가 아니라, 실제로 모순적인 두 개의 답변을 내놓았다.

크릭과 코흐가 주창한 초기의 가설은 1990년에 발표된 논문에서 보인다.[3] 그들은, "어떤 특정 순간에" "활동적인 신경 프로세스들 일부는 의식과 상관적인 반면 다른 것들은 아니다. 그것들 간의 차이는 무엇인가?"라고 썼다. 여기서 크릭과 코흐는 '신경 프로세스들'과 의식을 **구별**하는데, 이것이 그들을 이원론자로 만드는 것 같아 보인다. 그리고 크릭은 『놀라운 가설The Astonishing Hypothesis』에서, "우리 마음들 — 우리들 뇌의 행동 — 은 신경세포들(및 다른 세포들)과 그것들과 연관된 분자들의 상호작용들로 설명될 수 있다"고 썼다.[4] 따라서 한편으로 우리에게는 '우리들 뇌의 행동'이 있고, 다른 한 편으로는 신경세포들의 상호작용으로써 '설명'될 수 있는 '우리 마음들'이 있다. 이것은 부수현상론처럼 들린다. 크릭과 코흐가 의식의 '신경 상관자들neural correlates' 또는 그들이 종종 부르듯 'NCC'를 찾고 있다는 것을 우리가 깨달을 때 그 인상은 강화된다. 왜냐하면 만약 x와 y가 상관적이라면, x ≠ y이기 때문이다. 어떤 것도 그 자신과 **상관적**일 수 없다. 자기 자신과는 **동일**하거나 또는 일치한다. 상관적이기 위해서는 둘이 필요하다.

1990년의 논문에서 크릭과 코흐는 의식을 만드는 세포들과 그렇지 않은 세포들을 차별화하는 것은 의식-형성 세포들이 발화할 때의 주파수 — 35Hz와 70Hz 사이, 또는 간단히 '40Hz' — 라는 가설을 지지했다. 세포들이 동기적으로 발화하거나, 또는 그것들의 막 전위(세포의 안과 밖 사이의 전위차)를 한꺼번에 하나one로 변경할 때, 보라. 의식이다! "어찌 되었든, 연루된 피질 영역들의 특정 세포들은 약 40Hz에서 진동하는 경향이 있는 것 같아 보인다." 그런데 1998년 ≪네이처 Nature≫의 "논평"으로 실린 글에서 크릭과 코흐는 "우리는 더 이상 소위 40Hz 진동들과 같은, 동기화된 동시발화가 NCC [의식의 신경 상관자들]에 대한 충분조건이라 생각하지 않는다"[5]며 그 생각이 틀렸음을 인정할 준비가 되어 있었다. 그들의 새로운 접근법은 그런 진동을 사용하여 일시적인 기능성 그룹이나 연합을 형성하는, 세포나 피질의 신경 네트워크를 상상하는 것이었다. 그것들이 이런 연합을 형성할 때 그 연합이 바로 의식의 기초가 된다. 이것은 그 방법 면에서 건강한 발전으로 보인다. 결국 동기화 자체로는 아무 일도 하지 않는다. 우리는 오케스트라의 모든 악기들이 제 시간에 박자를 맞추며 지휘자와 동기화되는 것을 상상할 수 있다. 그러나 만약 오케스트라 멤버들이 **공간적으로** 분리되어 있다면 음악은 조금도 '통합'되지 못할 것이다. 바이올린은 호주 시드니에 있고 첼로는 아이슬란드의 레이캬비크에 있다면 결합은 없다. '정보'가 결합되려면 악기들 **또한** 반드시 공간적으로 통합되어 있어야만 한다. 그리고 비록 통상적인 공간적 결합이 있더라도, 뉴욕시의 모든 전화기가 똑같은 박자나 주파수와 음량으로 동시에 울리는 것을 상상할 수 있다. 이것이 뭐든 의식과 유사한 것 또는 더 높은 수준의 현상을 산출하는 최소한의 경향을 가질 것인가? 많은 사람들이 제 각기 짜증을 내게 될지라도, 전화기의 울림이 전혀 통합되지 않을 것임은 분명해 보인다.

40Hz 가설이 폐기되면 또 다른 조정 문제가 남는다. 즉, 신경세포들의 일시적 연합들은 어떻게 **그것들의** 활동을 동기화할 수 있는가? 여기 크릭의 마지막 발표 논문이고 크리스토프코흐가 공동 저자인 크릭의 사망 후 2005년에 출판된 논문이

있는데, 그와 코흐는 생리학과 해부학과 **전장**claustrum의 기능을 파헤쳤다. 전장은 뇌의 신피질neocortex 아래에 있는 신경세포들의 얇은 층이다. 그들의 논문 제목은 「전장의 기능은 무엇인가?What Is the Function of the Claustrum?」였다. 그들도 인정하듯 그들의 대답은 은유적이다. 그것과 유사한 것은

한 무리의 오케스트라의 연주자들을 조종하는 지휘자이다. 즉, 전장은 다양한 피질 영역을 조정하는 지휘자이다. 지휘자가 없어도 연주자들은 여전히 연주할 수 있지만 그들은 점점 더 서로 동기화되지 못한다. 결과는 소리의 불협화음이다.[6]

그러한 가설을 옹호하는 증거는 전장의 특별한 연결성이다. 그래서 크릭과 코흐는 의식에서 전장의 역할에 대한 실험적 탐구를 주장한다. 그러한 탐구가 전장의 역할에 대한 지식을 진전시킬 수 있음은 의심의 여지가 없다. 그러나 그것이 의식과 심-신 문제에 대한 이해를 진전시킬 것인가? 크릭과 코흐의 제안은, 그들이 어떤 물리적 구조나 시스템(말하자면, 시각적 의식에는 V1과 V2), 또는 송과선, 또는 전장을 상호작용의 장소로서 제공할 때, 모든 상호작용적 이원론자들이 직면하는 다음의 문제에 직면하게 된다. 어째서 **이** 특별한 구조나 신경세포들의 집합이 상호작용의 지점이어야만 하는가? 또는 명

제 (1)이 참이어서 마음이 비물리적이라면 전장은 어떻게 마음을 활성화시킬 수 있는가? 크릭과 코흐의 견해는 실제로 중추-상태 유물론과 상호작용적 이원론과 창발주의적 입장과의 일관성 없고 불안정한 혼합이다. 그들이 대답하지 않은 질문은 뇌의 전장은 어떻게 그것의 활동을 마음으로 투사할 수 있는가, 또는 이런 신경세포들의 활동이 어떻게 의식에 영향을 미칠 수 있는가이다. 여기에 심-신 문제에 대한 해결책은 없으며, 그래서 우리는 데카르트로 돌아온다. 전장은 송과선보다 좋은 패일지 모른다. 그러나 여전히 우리는, 신경세포들이 얼마나 잘 조정되건 간에, 어떻게 그것들이 마음과 의식을 산출할 수 있는지 알고 싶다. 크릭과 코흐는 문제의 진정한 어려움이 어느 정도인지 또한 그것이 어떤 종류의 문제인지를 가늠하지 못한 것 같다. 해결책의 과학적 및 심리학적 요소들이 비록 그 나름 참이고 흥미로울 수 있더라도, 이것들이 어떤 영향력을 갖기에 앞서 심-신 문제의 논리적 부분은 **반드시** 해결되어야만 한다. 의식이 있을 때마다 전장에 의해 조율된 방식으로 신경세포들의 발화 연쇄에 기여하고 있는 신경세포들의 연합이 있다는 게 맞을 수도 있다. 이는 참일 수도 있지만 그 자체로는 심-신 문제의 해결에 어떤 힌트조차 주지 않는다. 이는 송과선의 무게가 가볍고 그것의 부분들이 쉽게 움직였다는 사실이 데카르트에게 그 문제를 다루는 하나의 자료를 준 것과 마찬가지이다. 그것은 의식이 가벼운 것들은 들어 올릴 수 있어도 무거운 것들은 곤란하다는 식의 문제가 아니다.

4. 토노니와 통합정보 이론

2005년 의식에 관한 크릭과 코흐의 마지막 논문이 나온 직후, 코흐와 공동 작업한 이탈리아인 정신과 의사인 줄리오 토노니 Giorgio Tononi는 그가 '선언 manifesto'이라 묘사한 의식 이론을 내놓았다.[7] 토노니의 의식 철학은 제럴드 에덜먼 Gerald Edelman과의 초기 연구에서 발전되었고, 단도직입적으로 기능주의적이다. 토노니의 주장에 의하면 대뇌피질에 정보를 통합하는 과정들이 있으며, 그것들이 통합하는 정보가 의식이다. 그는 그의 이론을 말하는 방식에 부주의하다. 많은 과학자와 철학자들이 그랬듯이 그 역시 NCC, 즉 의식의 신경 상관자들을 언급할 때 마치 이 문구 자체가 유용한 일을 하는 것처럼 말한다. 또 다시 여기에서 문제점은 무언가의 '상관자들 correlates'은 그것들이 상호 관련되어 있는 것들과 동일한 것이 아니라는 점이다. 레이더 영상들은 비행기나 배의 상관자들이다. 그런데 이는 하나가 아니라 사물들 두 세트가 있다는 것을 의미한다. 레이더 영상, 그리고 비행기 또는 배. 토노니는 또한 통합

정보와 의식과의 '상응 correspondence'을 언급한다. 이는 토노니의 견해에 대한 의문을 불러일으킨다. 즉 정보를 통합하는 **뇌 과정들**이 의식**이라는** 것인지, 아니면 **통합정보** 자체가 의식인지, 아니면 그것이 무엇이든 오직 통합정보만 의식에 **상응**하는지에 대한 의문이 생긴다.

그의 2008년 논문 「통합정보로서의 의식 Consciousness as Integrated Information」에서 토노니의 진술은 더 이상 명확할 수가 없지만, 그것은 그가 다른 곳에서 말한 것과 모순된다. 그는 "의식은 통합정보이다"라고 한다. 이는 토노니를 물리주의자이기보다 기능주의자로 만든다. 왜냐하면 정보 통합의 양과 정도는 물리학자들에 의해 연구되어야 하는 엄격하게 물리적 속성들은 아니기 때문이다. 그것들은 전산적 또는 정보-처리 속성들이다. 같은 정보가 모든 종류의 상이한 물리 시스템들에 의해 동일한 방식으로 통합될 수 있을 것이다.

토노니는 정보가 통합되지 않은 수많은 픽셀을 가진 카메라를 상상해 보라고 한다. 이미지화된 장면에서 온 모든 점에 대한 정보는 그 밖의 모든 점의 정보와 독립적이다. 그것은 원자적이다. 카메라는 분명 의식적이지 않다. 더구나, 빛의 존재나 부재를 나타내는 단일 광다이오드는 빛의 존재를 의식하지 못하는데, 토노니는 그것이 색이나 형태와 같은 대체물의 부재를 담고 있지 않기 때문이라고 말한다. 그것은 빛을 색이나 형태로서 보여주지 않는다기보다 빛을 **빛으로서**as 보여주지 않는다. 이 기발한 아이디어로 토노니는 어째서 단일 종류의 정보를 받는 단일 광다이오드가 의식이 없다고 생각하는지를 말할 수 있게 되었다.

토노니는 만약 모든 픽셀이 다이오드와 달리 가능한 다각적 차원의 정보를 담고 다른 모든 픽셀에게 정보를 지속적으로 전달할 수 있어서, 픽셀 각각의 상태가 다른 모든 픽셀의 상태에 반응하게 된다면 어떨지 묻는다. 우리는 이런 종류의 다차원적 정보의 수신과 그것의 통합을 통해, 의식적 상태에 접근하고 있거나 아니면 심지어 의식적 상태에 있을 것이라고 토노니는 생각한다.

의식은 완전히 분절되어 있지는 않다는 의미에서 어느 정도 통합되어 있다는 것이 어쩌면 참일지라도, 그 역은 성립되지 않는다. 어떤 것이 통합되어 있고 또한 이것이 정보를 담고 있다면 그것은 의식을 표명해야만 한다고는 할 수 없다. 정보, 또는 무슨 형태로건 주위를 날아다니는 비트들 ─ 1과 0들 ─ 이 어째서 의식과 똑같은 것이어야만 하는지를 알기 어렵다. 명백한 사고 실험은 그것의 다양한 '수용적' 부분들에 당신이 만족할 만큼 많은 정보를 가졌음에도, 의식을 결여한다는 의미에서 여전히 기계인 어떤 기계를 구성하는 것이다. 그런 것이 가능한가? 만약 가능하며 그리고 가능해 보인다면, 무슨 척도에 의한 것이건 많은 양의 통합 정보와 인간이 소유하는 일종의 인식과의 연결고리가 무엇인지를 알기 어렵다. 토노니가 사용하는 정보 통합의 척도는 기호 'Φ(파이)'로 표시되며, 그는 Φ를 정보이론 및 처리의 표준 개념들과 연결시키는 데 상당한 수학적 정교함을 부여한다.

Φ 그 자체로는 의식의 현저한 풍부함, 특히 토노니의 주요 관심 분야인 지각적 의식이 시작되지 않는다. 사람들은 다소 적은 정보나 입력을 통합하는 매우 고도로 통합된, 정보 경로들의 시스템을 상상할 수 있다. 그래서 통합정보 이론은 의식에 대한 척도의 두 번째 요소를 소개하는데, 이것은 '질 공간quality space' 또는 **감각질**을 나타내는 문자 'Q'로 표시된다. 질 공간들은 정신물리학이 시작된 이래 19세기 내내 엄청난 기술적 주목을 받았으며, 모든 독립적 감각 양상에서 척도 구성을 위한 도구들로 개발되었다. 예를 들어, 색 공간은 3차원적 배열로서 그 차원들은 색상, 채도, 명도이다. 이 모두 심리학적 개념이다. 색 공간은 두드러지게 상이한 색 표본들을 서로 나란히 배치함으로써 구성된다. 그 결과로 나타나는 기하학은 어떤 면에서 놀랍다. 그것은 불규칙한 형태의 이중 원뿔로서 원뿔의 꼭대기에서 최대 명도, 바닥의 어두움, 상쇄off-set '적도'에서 색상들의 순환이다. Q-값이 높다는 것은 그 공간의 한 점이나 한 영역을 선택하면 엄청 많은 그 밖의 가능한 위치

들과 그 밖의 정보를 배제하며, 따라서 선택지(또는 토노니의 말로는 '불확실성')가 상당히 줄어든다는 의미이다. 표준 관찰자의 경우 색 공간에는 어림잡아 구분 가능한 점들도 150만 개가 있다. 이것은 Q가 색 공간의 한 점 위치에 대해 매우 높은 값을 지니기에 많은 정보를 전달한다는 것을 의미한다. Q는 공간의 형식적 복잡성을 포착한다. 그런데 여기에 형식적 관계들에 대한 전통적인 철학적 걱정들이 끼어들 것이다. 꿀벌의 편광 수용체 구조를 고려해 보자. 만약 꿀벌의 편광 감각질 경험이 있다고 가정하면, 우리는 그 경험 구조를 나타내는 공간(푸앵카레 구Poincaré sphere)과 동형인isomorphic 색 공간과 정확히 똑같은 구조를 가진 공간을 상상할 수 있다. 꿀벌들은 편광된 빛의 각도에 매우 민감해서 그것을 사용해 매우 흐린 날에도 성공적으로 방향을 잘 찾아간다. 편광과 색 공간들이 동형이라고(이는 참이 아니다) 가정하자. 그러면 Q는 꿀벌에게 질적 경험을 전달하는 게 아니라 단지 질 공간의 기하학에 대한 외형적 척도만을 전달할 것이다. 그리고 이 기하학을 구조로 소유한다는 것과 의식적인 경험 자체를 소유한다는 결코 같은 것이 아니다.

이제 우리는 Q가 얼굴 인식 같은 것들을 위한 모든 종류의 전용 세포를 포함하여, 촉각, 미각, 후각, 색, 형태, 등등, 상이한 감각 양상의 **모든** 질적 공간에 대한 척도를 나타낸다고 상상해 보자. 비록 우리가 얻은 것이 의식을 **나타내는**represent 매우 흥미롭고 매우 복잡한 기하학적 구조이어도, 그것은 여전히 의식**과는** 다른 것이다. 토노니는 의식 자체를 의식의 구조적 **유사물**로 치환했다. 이는 마치 토노니가 큰 건물을 팔면서 우리에게 건축가가 그린 입면도와 평면도를 주며 자신은 건물 자체를 팔았다고 여기는 것과 같다.

그렇지만 토노니는 의식을 서술하기 위해 본질적으로 수학적인 일련의 개념들을 개발하는데, 이것이 업적이다. 수학적 서술은 의식의 구조에 대한 공리-같은 명제들로 시작한다. (i) 의식은 차별화되지 않은 덩어리가 되지 않도록 상이한 부분들을 가져야만 한다. (ii) 제시된 정보는 세계에 대한 진정한 정보이어야 한다. (iii) 제시된 정보는 선택지들을 가능한 한 많이 배제해야 한다. 즉, 그것은 '배타적'이어야 한다. 빛 대 어둠의 정보는 의식을 초래하지 않는다. 그러나 무채색 빛 대 어둠 대 녹색 대 노랑 대 네모 대 둥근 …… 은 의식의 풍부함 같은 것에 접근한다. 더욱이 (iv) 차별화된 정보는 단일 장field에 존재해야만 한다. 즉, 그것은 분절되지 않아야만 하는데, 아마 두 대뇌반구들이 서로 절단되어 있는 주체들의 경우는 분절되어 있을 것이다.

의식의 현상학을 수학적으로 나타내는 것에 대해 고심하는 일에는 아마 토노니와 같은 기술을 가진 정신과 의사가 필요했을 것이다. 통합정보의 개념이 어떻게 의식과 연관된 뇌 기능들과 연관될 수 있는지를 이해할 때, 토노니의 작업은 한층 더 높이 평가 받을 만하다. 그는 대뇌피질이 높은 Φ를 가지고 있으며, 상이한 감각 양상들에 따라 차별화된다고 지적한다. 상당 부분의 피질 손상은 의식상실과 식물 상태, 또는 피질의 특정 영역들과 연관된 특정 종류의 의식상실과 연관될 것이다.

5. 마이클 그라지아노와 주의 도식 Attention Schema

의식의 신경 상관자들에 대한 크릭과 코흐의 신경세포에 기초한 과학적 이론과 토노니의 정교한 수학적 통합정보 이론이 출현한 지 몇 년 후, 비록 다른 방법이지만 동등하게 과학적이면서 더 폭넓은 이론이 출현했다. 그것은 단지 신경세포들의 행동에만 호소하지 않고 사회적, 지각적, 진화생물학적, 정보처리적 고찰에 호소했다. 19세기 과학에 근거한 전통적인 지적 감수성에서 이것은, 마치 마녀가 모호한 인지과학적 사변들로 만든 양조주같이 건강하지 못한 혼합물로 보일지 모른다. 사실상 마이클 그라지아노Michael Graziano와 그의 프린스턴 동료들의 이론은 오늘날 인지과학에서 진행되는 것들에 대한 대표적인 사례로서, 그것은 신경생리학적 계산이 있는 곳에서 의식이 나타난다는 주장과 완전히 일치한다. 그 이론은 신경세포들이 상이한 기능을 가진 시스템들에게 하고 있는 일의 유기적 구조를 자세히 살핀다.

그라지아노는 그의 이론의 중심적 구성 개념을 '주의 도식 attention schema'[8]이라고 부른다. 만약 그것이 무슨 성공이라도 약속한다면, 그것은 단지 그 이론의 정보처리 구조의 개요나 그것과 연결된 진화의 역사 때문만이 아니다. 그것은 또한 정보처리 구조의 안과 밖을 뒤집어 놓고서, 그라지아노와 그의 동료들이 보는 동안 심-신 문제로부터의 철학적 탈출을 제공하는 능숙한 철학적 마술의 편법 때문이기도 하다. 먼저 이론이 진술하는 것을 고찰한 다음, 그것이 어떤 종류의 철학이며 그 철학이 성공적인지의 여부를 고찰해 보자.

우선, 그라지아노는 의식에 대한 어려운 문제는 쉽고 쉬운 문제는 매우 어렵다고 생각한다. 흥미로운 제시이다. 그가 염두에 두는 것은, 우리는 우리에게 의식이 있다고 말하지만, 이것이 우리가 의식에 대해 말할 수 있는 **전부**라는 것이다. 우리에게 의식이 있다는 것이 우리가 말할 수 있는 전부이다. 감각질은 전통적인 용어로는 형언할 수 없다. 의식이 있다는 것은 어떤 것인가? 글쎄, **그렇다는**like that(내면적 가리킴도 따른다) 어떤 것일 텐데, 왜냐하면 의식이 있다는 것이 **그것**that이기 때문이다. 감각질과 의식 상태들의 유일한 속성은 그것들이 그렇다는 **것**that이라고 말할 수 있다. 그라지아노의 견해로는 그것은 설명하기 **쉽지만** 세부 사항들은 설명하기 어렵다. 언제 그리고 어째서 우리가 "내 머리 속에 의식이 **있다**have"고 말하는지를 설명하기는 원칙적으로 쉽다. 귀속과 관련된 이런 종류의 계산은 의식의 쉬운 문제들과 관련된 계산보다 더 제한적이지만 더 복잡하지는 않다. "나에게 이것이 있다"라고 말하기는 매우 간단하다.

새와 그 밖의 동물과 마찬가지로 우리에게도 주의attention가 있다. 우리는 우리의 주의를 한 가지로 돌리고 다른 것을 무시할 수 있다. 여기에서 주의는 두 눈에서 솟구쳐 나오는 일종의 의식의 흐름이 아니며, 비록 다른 방향으로 바라보는 것을 포함할지라도 두 눈을 한 곳에서 다른 곳으로 움직이지 않는다. **저것**보다 **이것**에 주의를 집중하는 것은 **저것**에 대한 정보는 억압하고 **이것**에 대한 정보만 남기는 것이다. 이 정보-처리 편법을 수행하려면 우리는 정보를 통제하고 그 모든 것을 추적할 수 있어야만 한다. 우리는 이것을, 마치 탁자 위에 모형 군인과 작은 금속 탱크들 세트로 그의 군대를 계속 추적하는 장군같이, 우리들 주의에 대한 단순화된 **모형** 또는 심적인 **그림**이나 **도식**을 만들어서 행한다. 이 단순화된 도식이 **모든** 정보를 추적하려는 것보다 더욱 유용하다. 그것은 무슨 일이 일어나고 있는지에 대한 일종의 요약 또는 단순화이다.

의식은 우리의 주의 여과기들의 활동 개요에 대한 단순화된 모형 또는 도식이다. 그리고 우리에게 우리들에 대한 모형을 구성하게 한 것과 똑같은 계산 기법들이 우리가 다른 사람들에게 '마음 이론'이라 불리는 것을 구성할 수 있게 한다.

우리는 타인들에 대해서도 그렇고 우리들에 대해서도 "나에게는(또는 그에게는) 의식이 있다"고 자랑스럽게 말하지만, 의식에 대해 그 이상으로는 아무 것도 표현할 수 없다. 그라지아노는 자기 머리에 다람쥐가 있다는 믿음으로 고통 받는 환자에 대하여 정신과 의사 친구가 말해준 재미있는 이야기를 들려준다. 그것이 얼마나 큰지, MRI에 나타날 것인지, 얼마나 많이 먹어야 하는지와 같은 것을 질문했을 때 환자는 늘 질문을 피하곤 했다. 그런데 비록 그가 다람쥐에 대해 아무 것도 말할 수 없을지라도 그는 자기 머리에 다람쥐가 있다고 계속 주장했다. 이는 마치 우리가 우리 머리 안에 있다고 생각하는 것—의식—과 관련된 우리의 상황과 같다고 그라지아노는 말한다. 우리는 그것이 거기 있다는 **것을** 말할 수 있지만, 그 이상은 못 한다.

그라지아노는 꼭두각시 인형이나 복화술사의 인형에게 의식이 있다고 생각하기가 아주 쉽다고도 지적한다. 그것들은 정말로 의식을 지닌 것처럼, 혹은 어쩌면 그것들이 지녀야만 하는 것보다 더 많은 인격을 지닌 것처럼 **보인다**. 우리는 우리가 그것들에게 부여한 그 의식이 무엇인지 전혀 모르는 채, "그것들은 의식이 있다"라고 말할 준비가 되어 있다.

그라지아노가 주의 도식의 존재 자체가 의식**이라고** 주장하는지, 아니면 주의 도식의 존재에 계산 또는 그것이 존재한다는 '자각'을 **합친** 것을 의식이라고 주장하는지의 여부는 분명하지 않다. 그라지아노는 두 경우 모두를 말하고 때로는 거의 동시에 말하는데, 그러나 그것들은 진정 모순적이다. 그러나 어느 경우이건 우리는, 그라지아노가 의식에게 준 구조를 지닌 기계를 만들 수 있다고 가정하는 것이 이치에 맞아 보인다. 그런 기계는 정보를 걸러낼 것이며, 그 때문에 그것에게는 정보적 의미에서 주의가 있을 것이다. 그 다음 그 기계는 그것의 주의 상태와 구조를 나타내는 단순화된 모델을 만들고 업데이트할 것이고, '다른 마음들'의 존재를 알아내기 위해 이 도식을 배치할 것이며, 그 자신과 타인들에게 도식의 존재를 신호할 것이다. 그러나 그것에게는 의식이 없을지 모른다. 그것이 의식을 지녔는지 아닌지는 기계의 상황이 어떤지에 달려 있는 것 같으며, 그라지아노가 제공한 한갓 심리학적이며 생리학적인 정보-처리의 존재에 달린 것 같지는 않다.

5. 결론적 관찰

지금까지 고려한 네 가지 과학적 이론(전역 작업공간 이론, 크릭과 코흐의 가설, 토노니의 통합정보 이론, 그라지아노의 주의 도식) 중 그 어느 것도 새로운 철학적 이론을 소개하지 않는다는 의미에서, 독자적인 철학적 관심을 많이 가진 이론은 아니다.

바스의 전역 작업공간 이론은 기능주의이다. 왜냐하면 전역 작업공간의 역할을 수행하며 의식의 일을 하는 어느 것이건 아마도 그 자신의 주장에 의해 의식이 될 것이기 때문이다. 아니 아마 그것은 창발론일 것이다. 아니 아마 중추-상태 유물론일 것이다. 무엇이라 말하기 어렵다. 프랜시스 크릭의 '놀라운 가설'은 직설적 형태의 동일론 또는 중추-상태 유물론이다. 토노니의 작업에서 의식은 정보의 통합으로서, 또 다른 기능주의적 개념이다. 그라지아노의 주의 도식 이론도 기능주의의 형태이나, 모순적이게도 제거론의 한 형태이기도 하다.

놀랍게도 이 이론들은 기존의 철학적 마음 이론들에 너무 쉽게 들어맞으며, 그 결과 심-신 문제의 해결책을 거의 제공하지 않던가 아니면 혼란스럽거나 불분명하다. 게다가 혼란스럽거나 불분명하지 않아야 하는 가장 중요한 그 시점에서는 이런 점들을 다 보인다. 우리가 심-신 문제의 공식화를 캠벨 형식의 모순적 테트라드로서 받아들이면서 분명히 보았듯이,

심-신 문제는 정말로 철학적이고 논리적인 문제이다. 그것의 해결책이 지닌 세부 사항들은 중요하며, 해결책은 모순적인 철학적 이야기들을 조금도 제공하지 않아야 할 것이다.

그 밖에 중요한 의식 이론들이 있다. 그것들을 고찰하지 않은 이유는 그 이론들이 흥미롭지도 중요하지도 않아서가 아니라 주로 이런 패턴을 반복하기 때문이다. 그 이론들은 의식에 대한 기존의 철학적 접근법들인 혼합적이고 일관성 없는 방식들을 상당히 확실하게 재생산한다. 예를 들어, 데닛 Dennett의 의식에 대한 '복수 초안 이론multiple drafts theory'은 행동주의와 제거주의 형태의 결합으로 보인다. 데닛은 어떤 감각질의 존재도 부인하며, 의식에 대한 그의 복수 초안 이론은 허구적이고 비현실적인 요소를 소개하는 것처럼 보인다. 로저 팬로즈 Roger Penrose와 스튜어트 하메로프Stuart Hameroff의 생물학적이며 논리적인 이론은 창발론의 한 형태이다. 양자역학적 파동의 '객관적 수축objective reduction'이 있을 때, 오직 뇌의 특별한 생물학적 조건들에서만 발생할 수 있는 것 하나가 결과적으로 의식이며, 그것은 40Hz 주기로 뇌를 통해 전파된다. 존 설 John Searle의 생물학적 신비주의는 의식을 뇌의 과정들에 의해 **야기되는** 생물학적인 것으로 간주하며, 그는 매우 합당하게 그의 견해를 신비주의라기보다 '생물학적 자연주의'라고 부른다. 하지만 '생물학적 유물론'이라고 해도 좋을 것이다. 오직 뇌만 의식을 생산할 수 있는 인과적 능력을 지닌다. 그런데 어째서 우리는 이런 능력들을 실리콘으로 재현하면 안 되는가?

그리고 고려할 가치가 있는 의식에 대한 그 밖의 과학적 이론들이 있을지라도, 그것들 역시 적어도 심-신 문제의 영역에서는 새로운 철학적 경지를 개척하지 못하고 오히려 오래된 철학적 이론들에 의지한다. 일부 철학자들이 자신들만의 지평에서 심-신 문제로 과학자들과 엮이고, 부인할 수 없게 시험 가능한 과학적 이론들인 것을 제공하는 모습은 교훈적이다. 그러나 그 반대 현상은 그리 고무적이지 않았다.

6

중립적 심-신 이론들

1. 다시, 감각질 혹은 현상적 속성들

마지막 두 장에서는 마음과 몸에 대한 '중립적' 이론들을 소개하고자 한다. 중립적 이론들은 물리주의처럼 비비 꼬인 논리적 방도로 물질에서 마음을 추출하려 하지 않으며, 가능하지도 않겠지만 이상주의처럼 물질을 마음으로 용해시키려 하지 않는다. 결과적으로 중립적 이론들에는, 적어도 이론적으로는, 마음과 몸의 관계에 문제점이 적어야 한다. 일부 중립적 이론들은 감각질 또는 현상적 속성들을 일종의 주어진 것으로 여기고 시작한다. 따라서 현상적 속성들을 다시 살펴보면서 시작하는 것이 좋을 것이다. 현상적 속성들은 어떤 이론에서건 시금석이다. 현상적 속성들에 대한 성공적 설명이 있는 이론이라면 그 이론은 적어도 참일 수 있는 기회가 있다. 없다면, 그것은 처음부터 문제가 있다.

우리가 현상적 속성들을 경험한다는 것은 명백해 보인다. 우리가 미색의 천장 색깔이나 **마키아토** 커피의 맛과 냄새 또는 숲에서 부드럽게 떨어지는 나뭇잎 소리를 경험하는 것이 어떻게 참이 아닐 수 있는가? 이 모두는 현상적 속성들이다. 우리는 현상적 속성들을 '경험한다'고 내가 말할 때, 나는 단지 현상적 속성들이 나타나는 감각 양상과 어울리는 동사를 일반화하고 있다. 그러므로 예를 들어, 우리는 색깔을 보고 소리를 들고 등등으로 말하며, 때로는 색깔을 경험하고 소리를 경험한다고 말할 것이다. 색깔을 경험한다는 말이 조금 이상하고 거의 육감적으로 들린다는 점은 인정한다. 여기에서 '경험한다'는 '본다, 듣는다 등'에 불과하다.

우리가 경험하는 모든 것들을 그것들의 고유 이름들('색', '맛', '냄새', '소리')로 부르면서, 우리가 보고 맛보고 냄새 맡고 듣는다고 말하는 것이 더 자연스러울 것이다. 그렇지만 우리가 색, 소리, 맛, 냄새, 소리나 무엇이건 경험되는 것에 대해 이야기하고 **있다는** 것과 그것들 모두 서로 다르다는 것을 명심한다면, '현상적 속성들'을 이 모든 것들에 대한 포괄적 이름으로 아무 걱정 없이 받아들일 수 있을 것이다. '경험'이라는 포괄적 단어 사용이 지닌 위험성 중 하나는, '경험'이라 불리는 보는 것과 듣는 것에, 어쩌면 보는 것과 듣는 것에 **추가적인**, 어떤 공통적인 것이 있어야만 하며, 또한 **그것을** 경험하는 행위에서 우리 자신을 포착할 수 있다고 생각할지 모른다는 것이다.

나는 모든 현상적 속성들은, 아무튼 그것들이 뭐라고 불리던 간에, 공통으로 뭔가를 지닌다거나 또는 그것들 모두가 무엇**이라는** 생각을 하기 어렵다는 것을 알았다. 색깔은 보이며, 소리는 들리고, 냄새는 나며, 맛은 나고 등등은 확실하며, 게다가 우리가 방금 받아들인 위험한 철학적 특수 용어로 그것

들은 모두 감지되거나 경험된다. 그것들은 모두 경험의 대상
들이지만, 당연히 경험의 범위는 그렇게 좁지 않다. 혁명, 마
천루, 달 착륙은 모두 경험된다. 그러나 불안의 폭발, 불성실,
절도범도 그렇다.

현상적 속성들은 감각질처럼 때로는 경험들이라고 추정되
고 때로는 경험의 **속성들**이라고 추정되기도 한다.

현상적 속성들이 경험의 **속성들**이라고 가정하자. 아마도 우
리가 경험하는 것이 경험들일 텐데, 만약 현상적 속성들이 경
험들이 아니라 경험의 속성들이라면, 우리는 현상적 **속성들을**
경험하지 않는다는 말이 된다. 반면에 현상적 속성들이 경험
들 자체라고 가정해 보자. 만약 그렇다면, 경험에 내용으로 활
기를 돋우는 속성 없는 경험 그 자체 — 맨 경험 — 는 무엇일
지, 그리고 속성이 있는 그것과 없는 그것은 어떻게 다를지도
궁금할 수밖에 없다. 이것들 모두 어리석은 선택들임은 의심
할 여지가 없지만, 그것은 사람들이 '현상적 속성', '감각질',
'감각 자료', '감각 내용', 그리고 '경험'을 비롯하여 철학에서
주조된 다른 단어들 같은 용어로 얼마나 혼란에 빠질 수 있는
지를 보여준다. 길버트 라일은 한때 경험의 존재를 부정하는
강연을 했다. 강연 후 토론 시간에 도널드 맥나브Donald MacNabb
가 "길버트, 제가 당신의 정강이를 걷어찬다면 어떻게 될까
요?" 라고 묻자 라일은 대답했다. "네, 도널드, 그건 경험이 될

터인데요."

색a color이 경험이라는 말이나(색이 경험된다고 하는 말과 전혀 다르다), 색이 경험의 속성이라는 말에는 **문법적으로** 이상한 것이 있다. 첫 번째의 경우, 우리는 색은 경험이고 경험은 10분 동안 지속될 수 있기 때문에 색은 10분 동안 지속될 것이라고 말할 수 있는데, 이는 불합리하다. 두 번째의 경우 우리는 내 경험의 색이 미색이라고 말해야 하며, 더 나쁘게는, 내가 미색의 경험을 한다가 아니라, 내 경험이 미색을 띠고 있다고 말해야만 한다. 우리는 미색이 경험의 속성이라고 말하면 안 되는 데, 왜냐하면 우리는 미색을 경험하기 때문이다. 이는 우리가 코끼리를 경험하기 때문에 코끼리는 경험의 속성이라고 말하면 안 되는 것과 마찬가지이다. '미색'이 명사일 때는 '코끼리'와 마찬가지로 문법적 주어가 될 수 있다.

나의 견해는 이렇다. 색과 소리와 그 밖의 모든 것이 색과 소리 또는 감각질과 전혀 다르다면, 그것들은 경험도, 경험의 속성들도, 현상적 속성들도 아니라는 것이다. 우리가 색을 보고 소리를 듣는다는 것은 완벽하게 참으로 남는다. 색과 소리들은, 철학자들이 그것들을 일컫듯이, 경험의 **대상들**, 즉 사실상 경험의 '적합한' 대상들이지 결코 경험의 속성들이 아니다. 내가 맛있는 괜찮은 빨간 딸기를 본다고 해보자. 빨간 색은 지각의 '적합한' 대상이며, 딸기 자체는 우리가 색에 의해 보거나 색을 **보면서** 보는 물리적 대상이다. 딸기는 대상이지만, 지금 이 어법으로 '적합한' 대상은 아니다. 비록 삼차원적 형태가 어쩌면 훨씬 더 중요할지라도, 우리가 보고 있는 것이 딸기라고 말할 수 있는 방법 중 하나는 그것의 색깔에 의한 것이다. (다른 한 편, 딸기 같은 모양을 가진 것과 파란 색으로 우리는 무엇을 만들게 될 것인가?)

경험으로서든 경험의 속성으로서든 색과 소리와 그 밖의 현상적 속성들을 마음에 위치시키는 경향은 길고 파란만장한 역사를 갖고 있다. 나는 독자들이 내 견해에 익숙해지도록 그리고 마지막 장에서 중립적 일원론에 대해 나올 것들에 준비할 수 있도록 그와 관련된 부분을 간단히 설명할 것이다.

시작점은 존 로크John Locke가 당대의 로버트 보일Robert Boyle이 사용한 용어를 따라 행한, **1차 성질들**과 **2차 성질들**과의 유명한 구분이다.[1] 1차 성질들이 감각질과 혼동되어서는 안 된다. '오로지 1차 성질들만이' 그것들에 대한 우리의 지각 또는 '관념들'과 '유사한resemble' 그런 방식으로 물체들에 실제로 존재하는 반면, 2차 성질의 관념들은 그것들을 야기하는 물체들의 '힘'과 유사하지 **않다**. 또는 **그렇다고** 로크는 생각한다. 따라서 로크주의적 성질들의 '관념들', 즉 1차와 2차 성질의 '관념들'은 모두 현상적 속성들이지만 성질들 자체는 아니다. 로크의 경우, 우리가 경험하는 백색임whiteness의 특징, 즉 감각질은, 우리가 보는 정사각형의 특징과는 달리, 백색 사물 자체와 전혀 유사하지 않다. 유일한 연관성은, 마치 정사각형 사물이 정사각형임의 경험을 야기할 것이라는 것과 마찬가지로, 백색 사물이 백색임의 경험 또는 백색임의 감각질을 **야기**할 것이라는 점이다. 그러나 정사각형 사물의 경우에는 유사성이 있더라도 백색 사물의 경우에는 없다.

로크는 유사성들에 관한 이 결론을 옹호하는 참으로 형편 없는 논증을 펼친다. 백색임의 원인은 백색임과 유사하지 않다. 왜냐하면 백색은 어둠 속에서 사라지는 반면 원인은 그렇지 않기 때문이다! 글쎄, 백색이 어둠 속에서 사라질까? 어둠 속에서 보기 어렵다는 것은 확실하다. 그러면 그것이 사라졌다는 것을 어떻게 **알** 것인가? 분광광도계 점검으로? 글쎄, 그 것은 시각 분광광도계일까 아니면 특정 파장에서 방사선 수치를 측정하는 것일까? 만약 시각 분광광도계라면 어둠 속에서는 그 기구가 작동하지 않기 때문에 사람들은 아무 것도 볼 수 없다. 어쨌든 분광광도계 자체가 어둠 속에서 사라질 것이다. 만약 색이 어둠 속에서 시각적으로 **사라진다**면, 정사각형을 포함한 그 밖의 모든 것들도 시각적으로 사라진다. 따라서 정사각형에 대한 관념들은 2차 성질 관념들이다. 로크는 똑같은 결론을 옹호하는 더 형편없는 논증들을 **많이** 내놓는다.

그렇지만 알아야 할 중요한 점은 로크의 구분이 그 시대에 출현하는 과학, 즉 과학 혁명으로 형태를 갖추어가는 새로운 과학이 요구하는 것에 정확히 상응한다는 것이다. 1차 성질들은 형태, 수, 크기와 같은 수학적인 것들이다. 어떤 면에서 더욱 감각질 같을 2차 성질들은 색, 소리, 맛, 등등이다. (여전히, 내가 정사각형을 볼 때 형태가 1차 성질임을 기억한다면, 정사각형 감각질이, 아니면 내가 그렇게 칭해야만 하듯, 정사각형이 존재한다는 것을 명심하는 게 중요하다. 마치 내가 백색인 것을 본다면 백색임이 존재하는 것과 마찬가지이다. 로크에게 두 경우들 간의 차이는 1차 성질의 관념은 그 성질과 **유사**하지만, 2차 성질의 관념은 그렇지 않다는 것이다.) 로크 시대의 과학은 질적인 또는 경험된 소리나 색을 2차 성질의 **관념**으로 간주하거나 또는 뉴턴 말대로 색 감각the sensation of color으로 간주하면서, 입자 무리들의 압축과 확산이 소리를 설명하고 입자들의 크기가 색조나 색을 설명해 줄 것으로 기대했다. 1704년에 출판된 『광학Opticks』에서 뉴턴은 큰 입자들을 빨강으로, 작은 입자들을 파랑으로 정렬했다. 입자들이 통과할 수 있는 장벽은 작은 입자들보다 큰 입자를 더 작은 예각으로 굴절시킬 것이다. 호이겐스Huygens의 이론과 같은 빛의 파동 이론들도 우리가 빛의 방식으로 경험하는 것을 빛의 물리적 본질과 분리하였다.

과학혁명 동안 경험의 질적 측면들은 사물들이 존재하는 방식에 대한 과학적 견해에서 마음으로 내몰리면서 과학이 탐구하는 수학적 세계를 떠나고 있었는데, 공교롭게도 매우 성공적이었다. 마음은 편의상 성공적인 수학적 과학들로부터 무엇이건 **남겨진** 것으로 여겨졌다. 예를 들어, 반사와 굴절 법칙들이 있는 기하광학은 색을 포함하지 않았다. **그러므로** 색 감각을 산출하는 경향을 제외하고, 색은 물리 세계가 아니라 마음에 존재했다.

현상적 속성 개념과 감각질 개념은, 과학의 목적을 위해, 세계가 매우 상이하고 양립 불가능한 두 부분인 선형적 차원 또는 연장으로 이루어지는 물질과 데카르트 견해로는 의식이며 뉴턴의 견해로는 감각으로 이루어지는 마음으로 갈라져 있다고 이해한 결과이다.

그런데 '감각질'이란 단어는 1929년 미국의 철학자 클레런스 어빙 루이스C. I. Lewis가 처음 사용하면서 철학에 도입되었다. 그러나 그는 감각질을 '감각 자료'라 불리는 것들의 속성들로 이해했다. 이런 대상들은 정의하기가 어렵기로 악명 높았지만, 그것들은 (만약 그런 것이 가능하다면) **존재자들**entities로 간주된 경험이었다고 말해도 좋을 것이다. 흥미롭게도, 루이스의 시대 이후 20세기 중반 마음과 지각에 대한 철학에서 감각 자료가 했던 철학적 작업이 감각질로 넘겨졌다. 감각되지 않는 감각 자료가 존재할 수 없음은 경험되지 않은 감각질이 존재할 수 없음과 같다는 의미에서, 감각질도 감각 자료처럼 의식과 특별한 관계가 있다.

1910년 조지 에드워드 무어G. E. Moore가 1885년 조사이어 로이스Josiah Royce에 의해 소개된 '감각 자료'라는 용어를 사용하기 시작했을 때, 그는 감각 자료가 물질적인 것 표면의 일부인지 여부를 확신하지 못했다는 것도 흥미롭다. 따라서 무어의 감각 자료 개념은 그것이 반드시 경험이거나 아니면 경험의 속성이어야 하는 것은 아니었다. 감각 자료가 전적으로 물리적이었을 수도 있기에 무어는 그 질문에 대한 답을 결정하기가 매우 어렵다는 것을 알게 되었다.

우리 경험의 **내용**이라 부를 수 있는 것 또는 우리가 경험하는 것들(색, 소리, 맛, 감정, 분노의식, 불안, 고통, 죄책감, 불균형감 등등)을 특징짓기는 어렵다. 그럼에도 불구하고 나는, 색, 소리, 그 외에 여러 평범하고 더욱 정확한 그것들의 특징을 도외시하는 방식으로 그것들을 특징지으려 하지 말고, 부인할 수 없는 그것들의 존재로부터 시작하는 것이 최선이라고 생각한다. 추상화—그것이 무엇을 **의미하는**지 설명할 수 없으면서도 그것 모두를 현상적 속성들 또는 감각질이라 부르는 것—도 그것들이 우리가 경험하는 또 다른 것들과 맺는 관계들로부터 그것들을 끊어놓으며, 그래서 그것들이 경험의 **대상들**이라는 것을 명심하기 어렵게 만든다. 그것들은 우리가 경험하는 것이지 경험 자체가 아니다.

그러므로 마지막으로, 주조된 단어들을 사용하지 않으며, 물리 세계와 경험의 내용과 마음에 동등한 비중을 부여하면서 하나를 다른 것으로 환원시키려 하지 않는 이론들을 살펴보자. 대부분의 사람들은 물리적인 것들뿐만 아니라 심적인 것들도 있다는 것을 믿기 어려워하지 않는다. 비록 그들이 그것들 사이의 **관계**를 이해하지 못해도, 즉 심-신 문제의 해결책을 알지 못해도 그렇다.

　이원론은 마음도 물질도 선호하지 않으며 양쪽 모두를 위한 자리를 허용한다는 점에서 정말로 중립적 이론이지만, 우리가 보았듯이 바로 그 때문에 심-신 문제를 산출한다는 것을 명심해야 한다. 다음으로 내가 살펴보고 싶은 이론들은 이원론처럼 마음과 몸을 포함한 물질 모두에 자리를 허용하지만 심-신 문제를 산출하지 않는 이론들, 또는 산출한다 해도 그것을 해결하거나 심지어 해소하는 이론들이다. 지금까지 우리가 도달한 결론은, 색과 통증과 균형감의 회복 같은 것들 그리고 오늘날 철학자들이 감각질이나 의식으로 무심코 언급하는 나머지 모든 것들은 심-신 문제에 대한 무슨 설명에서건 그 밑바닥에 포함되어야만 한다는 것이다. 그것들은 환원적인 마음 이론들에 저항하며, 지난 100년 동안 그런 환원적 이론들의 퇴장을 목격했다는 것이 그 이유이다.

2. 해소론

심-신 문제에 대한 '해소론Dissolutionism'은 실제로 단일 견해
가 아니며, '해소론'이란 단어는 오늘날 철학자들 사이에서 조
차 널리 인정되지 않을 것이다. 말하자면, 심-신 문제는 철학
적 이론이나 과학적 이론에 의해 **해결**되기보다는 **해소**되어야
만 한다. 지금 이것은 비트겐슈타인Wittgenstein이 언급한 것으
로, 그의 견해는 철학적인 **모든** 문제들은 거대한 철학이론들
에 의해 해결되기보다 해소되어야만 한다는 것이다. 비트겐
슈타인이 비록 1951년 때 이른 죽음을 맞기까지 연구 생활의
마지막 부분을 심적 및 심리적 개념들에 대한 생각과 이해에
대부분을 헌신했더라도, 공식적 문제로서의 심-신 문제에 많
은 시간을 할애하지는 않았다. 그는 『철학적 탐구Philosophical
Investigations』의 유명한 구절에서 다음과 같이 물었다.

심적 과정 및 상태들과 행동주의에 관한 철학적 문제는 어떻
게 발생하는가? 첫 발자국은 전혀 눈에 띠지 않는다. 우리는 과
정과 상태들에 대해 이야기하고서 그것들의 본성을 미해결로
남겨둔다. 언젠가는 아마 그것들에 대해 더 잘 알게 될 것이라
고 우리는 생각한다. 그러나 이는 곧 그 문제를 바라보는 특정
방법에 우리를 맡기는 것이다. 왜냐하면 과정을 더 잘 안다는

것이 무엇을 의미하는지에 대한 뚜렷한 개념이 우리에게 있기 때문이다. (마술적 편법으로 결정적인 이행이 있었는데, 우리는 이를 매우 결백하다고 생각했다.) 그런데 우리에게 우리의 생각을 이해시키려고 했던 유추analogy는 산산조각이 났다. 그래서 우리는 아직 파악되지 않은 과정을 아직 개척되지 않은 방편으로 부정해야만 한다. 그리고 이제야 우리가 마치 심적 과정들을 부정했던 것처럼 보인다. 그리고 당연히 우리는 그것들을 부정하고 싶지 않다.[2]

통증을 예로 들 수 있다. 말하자면 나는 손에 통증을 느낀다. 이렇게 말하는 데 문제는 없어 보인다. 우리가 말해진 것을 개념화하려고 할 때, 우리는 통증을 손이나 부분적인 손의 **상태** 또는 어쩌면 손의 상처와 관련되어 손에서 일어나고 있는 어떤 **과정**으로 생각한다. 그리고 여기에서 비트겐슈타인의 입장은 매우 확고하다. 우리는 우리가 통증을 물리적 상태, 즉 물질의 상태와 비교하고 있기 때문에 이 상태가 어떤 종류의 것인지를 이해한다고 생각한다. 이 물질은 액체이며 저 물질은 고체이다. 여기에 이해하기 힘든 것은 없다. 통증은 물리적 상태가 아니라 **심적인** 상태라고 우리가 말할 때, 우리는 우리의 이해가 진전되었다고 생각한다. 저 상태는 물리적이고, 저 상태는 심적이다. 그런데, 여기에서 비트겐슈타인에게 깊이 문제가 되는 단어는 '심적'이 아니라 '상태'이다. 우리는 고통이 손의 상태라는 것을 어떻게 알 수 있으며, 그것이 무엇을 의미하는지 어떻게 알 수 있는가? 겉보기에는 나에게 통증이 있으며, 내 손에 있다는 것 밖에는 말하는 게 없어 보인다. 여기에 "통증은 비물리적 상태이다"가 별로 도움이 되지 않아 보이는데, 그럼에도 그것은 우리에게 심-신 문제를 **강요한다**. 물리적 상태, 손의 상처, 심적 상태, 통증 사이의 관계는 무엇인가? 비트겐슈타인이 위의 구절에서 생각한 것처럼, 홀연히 나타났다 사라지며 손으로 만질 수 없는 심적인 것의 특징 때문에 사람들은 그것을 어떤 물리적 상태, 아마 행동주의적인 어떤 것으로 환원시키고 싶을지도 모른다.

그러면 비트겐슈타인의 난점은 마음은 물리적인 **것**thing이라는 우리의 첫 번째 명제에 대한 이해와 관련이 있어 보인다. 그는 우리가 마음을 물리적인 것의 모형에 근거한 것으로 여길 때 모든 게 잘못 나아간다고 생각한다. 그리고 그가 옳다. 그것은 마음을 통증이나 생각들 같은 물리적 **상태들**의 집합으로 간주하는 것과 마찬가지이다. 비트겐슈타인의 뚜렷한 견해들이 무엇인가는 그의 후기 저서들을 읽는 학생들이 결정할 일이다. 그러나 "마음은 비물리적인 것이다" 그리고 "몸은 물리적인 것이다"는 심-신 문제를 특징짓는 핵심적인 두 요소에 대한 서술로서 그를 통과하지 못할 것임은 분명하다.

두 명제를 서로 나란히 배치하는 것의 문제점은 그것이 마음과 몸 사이에 설정하는 그릇된 평행론이다. 마음은 비물리적이다라는 명제를 쉽사리 거짓이라고 할 수는 없다. 우선 그 명제가 무슨 의미인지를 파악해 내는 일이 어렵다. 이는 결코 쉽지 않은 프로젝트로 드러난다. 여기에 물리적 상태가 있다. 말하자면 전자들이 원자들 주위를 부산히 돌아다니고 그 밖의 입자들은 그들의 춤을 춘다. 그리고 여기에 심적 상태가 있는데, 통증 감각질이 부착되어 있다. 이런 종류의 '히스 로빈슨 Heath Robinson'식 형이상학은, 마음은 비물리적이며 몸은 물리적이라는 심-신 문제의 첫 두 명제처럼 무해하게 보이는 것에서 즉시 얻어진다. 비트겐슈타인은 첫 번째 명제를 바라볼 전망 좋은 관점에 도달하는 데 어려움을 겪었고, 그래서 그는 만년에 심리철학에 대한 연구에서 이 프로젝트에 헌신했다.

마음의 본성과 몸의 본성 사이에 그어진 왜곡된 평행선은 길버트 라일의 1949년 저서 『마음의 개념』의 주제이기도 하다. 라일은 우리가 일상생활에서 말하는 문장에서 심적 개념과 단어들을 일상적으로 사용함에는 아무런 문제가 없다는 데 비트겐슈타인과 동의한다. 그러나 이런 단어와 문장들이 무엇을 의미하는지를 이해하는 것은 또 다른 문제이다.

라일은 우리가 개념을 "그것이 속하지 않는 논리적 유형"에 넣을 때 '범주의 오류 category mistake'를 범한다고 지적한다.[3] 그 결과가 이런 개념의 대상들에 대한 그릇된 개념화일 때 상황은 재미있어진다. 라일의 고전적인 사례는 옥스퍼드 대학교 Oxford University를 집합적으로 구성하는 옥스퍼드 단과대학들 Oxford Colleges에 관한 것이다. 그는 옥스퍼드가 여러 단과대학이 합쳐진 종합대학교이라는 사실을 이해하지 못하는 옥스퍼드 방문객을 상상한다. 그 방문객은 모든 단과대학을 보고나서 대학교가 어디에 있을지 궁금해 한다. 그는 옥스퍼드 시내나 근처의 어떤 물리적 장소에서도 대학교를 찾지 못하고, 그 대신 초현세적이며 보이지 않는 한 단과대학이 비물리적인 장소에서 발견될 것이라고 결론 내릴지 모른다. 그런 방문객이 범한 오류는 대학교의 개념을 단과대학의 개념과 똑같은 범주에 넣은 것이다. 라일은 이를 '범주의 오류'라 부르며, 그것은 한 범주에 속한 것을 그것이 속하지 않은 그 밖의 다른 범주에 넣을 때 발생한다. (라일의 비유는 의도대로 완벽하게 잘 작동하지만, 엄격하게 정확하지는 않다. 왜냐하면 옥스퍼드 대학교를 구성하는 44개의 홀과 단과대학들 말고도, 예를 들어, 어느 대학에도 속하지 않는 옥스퍼드 식물원과 박물관과 같은 다양한 독립체를 소유하고 관리하며, 게다가 어느 단과대학도 하지 않는 시험을 시행하고 학위를 수여하기 때문이다. 따라서 어떤 의미에서 옥스퍼드 대학교는 내부의 단과대학들을 넘어서는 그 이상의 것이다.)

범주의 오류에 대한 흥미롭고 더 난해한 또 다른 사례가 있다. 나는 왼손 장갑과 오른손 장갑을 가지고 있고, 그리고 나는 장갑 한 켤레를 가지고 있다를, 라일의 말을 빌리자면, 똑같은 '논리적 어조'로 말하려는 시도에서 발견할 수 있다.

어떤 논리적 어조로 마음이 존재한다고 말하고, 그와 다른 논리적 어조로 몸이 존재한다고 말하는 것은 아주 적절하다. 그런데 이런 표현들은 존재의 서로 다른 두 가지 종species 을 시사하지 않는다. 왜냐하면 '존재'는 '채색된' 또는 '성별이 있는'과 같은 포괄적 단어가 아니기 때문이다. 그 표현들은 '존재한다'에 대한 서로 다른 두 가지 의미를 시사한다. "조수가 상승하고 있다", "희망이 상승하고 있다" 그리고 "평균 사망 연령이 상승하고 있다"에서 '상승하는'이 뭔가 서로 다른 의미를 갖는 것과 같다. 조수, 희망, 평균 사망 연령을 두고 세 가지 것들이 상승하고 있다고 말하는 사람은 서투른 농담을 하고 있을 것이다.[4]

장갑의 사례에서 등위접속사 '그리고'는 무엇이 잘못되었나? 나는 한 쪽과 다른 쪽, 즉 두 장갑, **그리고** 장갑 한 켤레를 지니지 않는다. 그러나 … 이제 라일의 분석력은 도전 앞에서 약해진다. 그는 오른손 장갑을 지님과 왼손 장갑을 지님이 바로 장갑 한 켤레를 지님이기에is "그리고"는 부적절하며, 이와 마찬가지로 몸을 지님, 그리고 이러이러한 것을 하는 경향이 있는 것을 지님이 마음을 지님**이라고**is 자신이 말하고 있음을 알았다. 이런 방식으로 라일은 나중에 후회하게 되었던 일종의 행동주의에 **빠졌고**, 만년에 그것을 만회하려고 노력하면서 1976년까지 여생을 보냈다. 그는 생각함thinking이라는 주제에 전념한 일련의 논문을 썼는데, 한편으로는 생각함이 어떤 이유로 더 고차원의 내적 '상태'가 아닌지, 그리고 다른 한편으로는 어떤 이유로 그저 몸의 활동이 아닌지를 보여주고자 했다. 그렇지만 그는 생각함이 우리가 일상 활동들에 추가적으로 하는 무엇이 아니라고 확신했다. 그는 초등학생들조차 뭔가**에 대해 생각**해 보라는 것이 무엇을 의미하는지 알고 있으며, 요청받으면 할 수 있다고 지적한다. 그러나 개념의 논리는 그것의 단순함에도 불구하고 라일의 최선의 노력을 곤란하게 만들었다. 그러나 그 주제에 관한 그의 논문들은 그 주제에 대해 가장 예리하고 가장 명확한 것들로 남아 있다.

비록 라일이 잘 해내지 못했어도, 범주의 오류라는 발상과 심-신 문제에 대한 적용은 분명히 행동주의로부터 분리될 수 있다. 우리가 알 필요가 있는 것은, 라일이 주장했듯이, "그의 마음은 비물리적이며 그리고 그의 몸은 물리적이다"가 범주의 오류를 범한다는 것이다. 그 문장의 수사법은 그리스어로 '함께 얽어맴yoking together'를 뜻하는 **액어법**zeugma(액어법은 하나의 형용사나 동사로 두 개 이상의 명사를 동일한 문법 관계로 얽으면서 무리하게 수식하는 표현법이다. ─옮긴이 주)이다. "달라고 하기 전에는 충고도 소금도 주지 말라"는 속담은 또 하나의 재미있는 **액어법**이다. 영어로 된 가장 유명한 액어법의 예는 "그녀는 홍수 같은 눈물을 타고 그리고 가마를 타고 집에 왔다"이다. 충고와 소금은 근본적으로 다른 두 종류들이기에 그것들을 등위접속사 '그리고'로 함께 묶어 그것들에 대해 '똑같은 논리적 어조'로 말하는 것은 이치에 맞지 않는다. 눈물과 가마도 마찬가지이다. 그것들은 하나의 범주(추상적인 것들, 또는 "내가 타고 집에 온 것들"?)에 속하지 않기에, 우리는 라일이 반격한 오류인 **액어법**을 범한다. 정말이지 정신물리학적 주장은 거의 **액어법**을 이용한 농담처럼 들린다. "그의 마음 그리고 그의 몸이 함께 침대에서 나왔다. 둘 다 아침 먹을 준비가 되어 있다."

그럼에도 불구하고 라일은 그릇된 이유로 그 오류를 비판한다. 라일의 생각에, 나는 왼손 장갑 그리고 오른손 장갑 그리고 장갑 한 켤레를 갖고 있다는 말의 문제점은 두 장갑과 그 켤레가 **다름 아닌 동일한 것** one and the same thing 이라는 점이다. 이것은 장갑들의 경우에는 참이 될 수 있어 보이지만, 마음과 몸의 경우에는 절대로 적용되지 않는다. "내 몸이 문에 끼었다"는 "내 마음이 문에 끼었다"를 **함의**하지도 않을뿐더러 더구나 똑같은 것도 아니다.

"나는 마음을 지니며 그리고 나는 몸을 지닌다"가 **액어법**인

이유는 나의 마음과 나의 몸이 다름 아닌 동일한 것이며 그 문장들이 어떤 종류의 어리석은 반복을 포함한다는 게 아니다. "그는 좋은 마음을 지니고 있다" 그리고 "그는 좋은 몸을 지니고 있다"는 전적으로 다른 **뜻**을 지닌다. "나는 왼손 장갑 그리고 오른손 장갑을 지니며, 그리고 나는 장갑 한 켤레를 지닌다"의 문제점은 (내가 말한 것이, 나는 빨간 어린이용 장갑 한 짝 그리고 회색 남자용 장갑 한 짝 그리고 숙녀용 장갑 한 켤레 같은 것들을 지닌다는 게 아니라고 가정하면) 장갑들을 개별적으로 언급함으로써 그것들을 하나의 범주(왼손 또는 오른손용 사물들)에 넣고, 그것들을 집합적으로 언급함으로써 그것들을 또 다른 범주(함께 쌍이 되는 사물들)에 넣는 것이다. 그 다음에 두 범주 각각에 속해 있는 것을 하나의 초범주supracategory에서 따로따로 셀 수 있기에, 나에게는 초범주로 셀 수 있는 **세 개의** 사물들이 있다는 생각으로 끝나는 것 같아 보인다. 두 개의 장갑 **그리고 그** 켤레. 그러나 초범주는 없다. 아니, 없어야만 한다. 그렇지 않으면 우리의 연산은 선로를 벗어날 것이다.

라일의 사례를 이용하여 모순적인 테트라드를 구성할 수 있다.

(1*) 장갑 한 켤레는 비물리적이다(그것은 추상적 집합이기 때문이다).

(2*) 왼손 장갑과 오른손 장갑은 물리적이다.

(3*) 장갑 한 켤레와 왼손 장갑과 오른손 장갑은 상호작용한다.

만약 왼손 장갑을 찢고 오른손 장갑을 찢는다면 — 손상!

— 장갑 한 켤레가 찢어진다. 그 역도 물론 참이다.

(4*) 물리적인 것과 비물리적인 것들은 상호작용할 수 없다.

(1*)과 (2*)의 결합 또는 '함께 얽어맴'이 큰 오류라고 생각하는 것은 이치에 맞는다. 결합은 두 개의 사물들, 즉 한 켤레 **그리고** 왼손 장갑과 오른손 장갑이 있으며, 그것들이 존재의 두 종류, 즉 물리적인 것과 비물리적인 것에 속한다는 것을 의미한다.

이해하기 어려운 것은 켤레가 존재한다는 것, 그리고 비록 장갑 두 개가 한 켤레**일**지라도 장갑 한 켤레는 왼손 장갑과 오른손 장갑과 똑같은 것이 전혀 아니라는 것이다. 한 켤레를 만드는 두 개의 사물 없이 켤레가 **물리적으로** 존재할 수 없음은 당연히 참이지만, 이는 그 켤레와 두 사물들이 무엇이건 다름 아닌 똑같은 것임을 의미하지 않는다. 우리는 질문할 수 있다. 장갑들과 켤레 또는 추상적 집합들은 어떤 공통 종류에 속하는가? 마음과 몸을 우리의 첫 두 명제들이 한 방식으로 '함께 얽어맴'이 왜 그렇게 잘못된 것인가? 어떤 사람이 "그의 마음과 그의 몸은 집에 있다"고 말한다고 가정하자. 이는 확실히 잘못되었다. 비록 그가 집에 있더라도 "그의 마음은 집에 있다"는 범주의 오류를 범한다. 그러나 라일이 생각했던 오류는 아니다. 그것은 하나의 사물을(마음) 그것이 속하지 않는 범주(공간 속 사물들)에 속한 것처럼 취급한다. 그것은 잘못되었다. 그런데 "그의 몸은 집에 있지만, 그의 마음은 아니다"라고 단숨에 말하는 것은 더욱 잘못되었다. 왜냐하면 이것은 그의 마음이 실제로 집에 **있을 수 있었는데**, 공교롭게도 그 순간에는 집에 없었음을 함의하는 것처럼 보이기 때문이다. 그의 마음은 집에 있다는 명제는 단지 잘못된 것만이 아니다. 정확히 말하면, 그것이 참**일 수 있는** 상황은 없는데, 왜냐하면 그 단어들이 의미**할 수 있거나** 의미하게 **될 수 있는** 것이 아무 것도 없으며, 또한 우리가 그것이 참이라고 결정할 수밖에 없는 상황이 생길 리도 전혀 없기 때문이다.

집합들과 그 밖의 수학적 대상들은 존재하지만, 그것들 중 장갑들을 포함하는 것이 옳**을 수 있는** 상황은 없다. 수학은 켤레와 같은, 수학적 대상들과 구조들에 관한 것이지 장갑과 같은 물리적 사물들에 관한 것이 아니다. 심-신 문제에서, 범주의 오류는 비물리적, 비공간적인 것들을 물리적이며 공간적인 것들과 함께 인과 연쇄에 배치하는 오류이며, 또한 물리적이며 공간적인 것들을 비물리적, 비공간적인 것들과 함께 인과 연쇄에 배치하는 오류이다.

3. 이중 측면론과 범심론

내가 서술하고 있는 그런 범주의 오류를 엄청나게 범하면서도, 포기하기를 완강히 거부하면서 그것을 세계의 구조에 심는 이론들이 두 개가 더 있다. 이것은 철학이 우리를 낙담시키고 형이상학에 악명을 높이는 종류다. 이중 측면론Double Aspect Theory과 범심론Panpsychism 둘 다, 똑같이 완강하게, 색과 소리와 맛과 집합적으로 감각질이라 불리는 그 밖의 것들이 존재한다는 것과 그것들이 자신들이 아닌 다른 것들로 환원될 수 있다는 것을 부정하려 하지 않는다. 이는 분명 좋은 일이다. 그러나 이것이 이들 이론의 옹호자들에게 범주의 오류를 계속 범할 권리를 주지는 않는다.

이중 측면론에서는 17세기에 스피노자Spinoza가 주요 표준 주자였고 우리 시대에는 토머스 네이글의 연구에 그 요소들이 있다. 스피노자에 의하면, 우주에는 오로지 하나의 실체 또는 궁극적 실재가 존재하지만, 그것은 선형적 차원의 연장과 사유라는 상호 보완적인 두 측면으로 조망될 수 있다. 인간도 마찬가지로 두 방식으로 볼 수 있다. 사유의 측면에서는 마음으로 조망될 수 있고 연장의 측면에서는 몸으로 조망될 수 있다. 그러나 여기에 두 개의 사물이 있는 게 아니며, 따라서 그것들은 상호작용할 수 없다. 소위 25달러 품목이라는 가격에 의해 분류된 책이 소위 천문학에 관한 연구라는 주제에 의해 분류된 **그 똑같은** 책과 상호작용하지 않는 것과 마찬가지로, 마음과 몸은 상호작용하지 않는다. 저렴한 책과 천문학에 관한 책이라는 상호작용하는 두 권의 책이 있는 게 아니라 언어상 가격과 주제라는 두 방식으로 분류된 한 권의 책이 있다. 이중 측면론은 마음과 몸이 상호작용한다는 것을 부정함으로써 작동한다. 그러나 실재의 궁극적 구성 요소들이 어째서 이중 측면을 가져야만 하는지 그리고 어째서 자신들을 사유와 연장으로, 즉 데카르트가 **양립 불가하다고** 간주한 두 것들로 나타내야만 하는지는 수수께끼로 남는다.

옳다. 사유가 연장으로 환원될 수 없음은 빨강이 장파장 빛으로 환원될 수 없는 것과 같다. 우리는 분홍이 연한 빨강이라고 말할 수 있지만, 분홍이 연한 장파장 빛이라고는 말할 수 없다. 이는, 빨강 색을 지닌 모든 것은 그것의 현상적 측면에서는 빨강으로 간주될 수 있으며, 그것의 물리적 측면에서는 장파장 빛을 내는 것으로 간주될 수 있다고 우리가 말해야만 한다는 것을 의미하지 않는다. 우리가 그렇게 말하려면, 우리는 두 측면들 간의 관계에 대한 설명이 준비되어 있어야만 할 것이다. 빨강은 어째서 특별히 장파장의 빛과 제휴해야만 하는가? 무엇이 연결 고리인가? 이중 측면론은 어떤 설명도 없이 존재의 **모든** 부분에서 심-신 문제를 재생산할 뿐이다. 범심론도 마찬가지이다. 범심론은 마음, 또는 의식조차도 우주에 있는 모든 것의 속성이라는 견해이다. 그 두 이론들은 마음과 몸이 인과적으로 관련되는 방식에 대해 적절한 설명을 전혀 주지 않는다. 왕과 왕비가 어떻게 관련되어 있는지를 묻는 질문에, 그들은 군주제의 불가피한 이중적 **측면들**이라고 말하는 것도 대답이 아니며, 또는 겉보기와 다르게 존재의 모든 부분이 왕 같은 측면과 왕비 같은 측면을 지니고 있기 때문에, 그들이 왕과 왕비라는 것이 놀랍지 않다고 말하는 것도 대답이 아니다. 이것은 설득력이 없으며, 적어도 우리는 두 측면의 관계에 대하여 더 많이 알 필요가 있다.

이 마지막 문제점을 도우려고 고안된 '범원형심론panproto-psychism'이라 불리는 견해가 있는데, 전혀 도움이 안 된다. 그것은 전 자연과 존재에 걸쳐 알려지지 않은 어떤 것인 x 팩터가 존재하며, x는 도처에서 한편으로는 '마음 같은' 또는 비물리적 측면으로 다른 한편으로는 신체적인 것을 포함한 그 밖의 물리적 측면으로 나타난다고 주장한다. 이것은 서투른 수선이라 말할 수 있는 것으로, 그것의 유일한 덕목은 범심론이 만든 문제를 해결하는 것이다. 범원형심론은 범심론이 물리적인 것과 비물리적인 것이 어떻게 관련되는가에 대한 신비를 남긴다는 것을 인정한다. 범원형심론은 그것 둘 다가 더 근본적인 것, 즉 x에서 파생된다고 대답한다. 그러나 그것은 x가 무엇인지, 단지 그것이 존재한다는 것인지, 아니면 존재할 수도 있다는 것인지, 그것이 우주 공간의 양립 불가능한 속성들이나 물리적인 것 그리고 의식을 생산할 수 있는지를 우리에게 말해주지 않는다.

중립적 일원론

1. 서론

6장에서 논의된 이중 측면론은 중립적 일원론neutral monism 으로 알려진 훨씬 더 강력하고 매우 다른 이론과 자주 혼동된 다. 마지막으로 잘 알려진 중립적 일원론의 옹호자는 앨프리 드 줄스 에이어A. J. Ayer로 1936년에 글을 썼다. 이전에 그 견해 로는 버트런드 러셀Bertrand Russell(1919~1927년 동안)과 윌리엄 제임스William James와 미국의 새로운 실재론자들에 의해 진전 되었지만, 처음에 그리고 가장 강력하게는 에른스트 마흐Ernst Mach에 의해 진전되었다. 마흐의 가장 완벽한 설명은 1885년 에 독일어로 그 다음 1897년에 영어로 출판된『감각의 분석 The Analysis of Sensations』에 담겨져 있다.

중립적 일원론자의 견해로는 마음도 사물도 기본적이 아니 며, 둘 다 좀 더 기본적인 중립적 요소들, 즉 어떤 점에서는 감 각질과 매우 유사한 요소들로 구성되어 있다. 세계, 또는 인간 의 뇌가 감각질을 만들어낸다기보다, 감각질-같은 것들 또는 현상적 속성들이 세계를 구성한다. "몸은 감각들을 산출하지 않는다. 감각들의 복합체(요소들의 복합체)가 몸을 구성한다."[1]

최근 이런 종류의 견해에 대한 관심이 마치 범심론pansych- ism과 범원형심론panprotopsychism에서 그랬던 것처럼 다시 일어 났다. 중립적 일원론을 비롯한 중립적 견해들의 부활은 다루기 힘든 현상적 속성들의 비물리성이 그 부분적 이유이다. 현상적 속성들은 그것들을 분석하는 20세기의 가장 훌륭한 시도들에 저항했다.[2] 하지만 최근에 중립적 견해들의 옹호자들은, 색이나 소리와 같은, 중립적 일원론의 현상적 요소들을 물리학이 묘사한 세계의 구체적이고 역동적인 사건들로 해석하는 경향이 있다. 예를 들어 에릭 뱅크스Eric Banks는 "관찰되든 안 되든, 성질들qualities은 단지 우리 주변에서 항상 일어나는 사건 속 힘들의 구체적 현시representation이다"[3]라고 말한다. 이것은 로크의 재현주의적 실재론representational realism과 전혀 다르지 않은 견해이다. 로크의 이 견해는 우리가 자각하고 있는 것은 실재하는 외부 세계가 아니라 재현, 즉 심적 관념이거나 감각이거나 지각이라는 견해이다. 그리고 이 심적 관념, 감각, 지각은 뱅크스에 의해 뇌의 역동적인 **물리적** 사건으로 추정된다.[4]

사실, 중립적 일원론은 "색, 소리, 온도, 압력, 공간, 시간, 등등"과 같이 순수하게 중립적인 것들을 그것의 기본 요소들로 간주한다".[5] 그리고 자아와 물리적 대상을 단지 이런 요소들을 얼마간만 영구적으로 수장한 것들로 간주한다. 마흐가 때때로 약간 오해하기 쉽게 그의 요소들을 '감각들sensations'이라 부르는 것은 사실이다. 그러나 그는 그것들이 사실상 심리적이라는 것을 의미하는 게 아니라, 그것들의 본성이 감각에in

나타나는 것임을 의미한다고 매우 분명하게 진술한다. 그것들은 심리적 인과연쇄 안에 배치될 때 사실상 심리적이다. 그렇지 않으면, 그것들은 우리가 통상 감각들의 지각적 **내용** 또는 질적 **내용**으로 간주하는 것이다.

우리는 그가 1927년 이후 계속 중립적 일원론자였다는 러셀 자신의 주장을 받아들일 수 없으며, 이 기간 동안 감각들을 뇌의 부분으로 취급하는 일종의 표상적representative 실재론자도 아니었다는 그의 주장 또한 받아들일 수 없다. 사실 러셀은 1927년에 중립적 일원론을 포기했으며, 감각질이 뇌 속 사건들의 속성들이라는 견해를 옹호하였다. 그러나 뇌 **그 자체**는 물리적이다. 아니 더 정확히 말하면 중립적인 뇌 **요소들** ― 모든 지각적 양상 속 뇌의 관념들과 감각질들 ― 은 물리적 연쇄에 배치되며, 그런고로 물리적이다. 따라서 그것들은 어떤 의미에서든 심리적 연쇄에 배치된 중립적 요소들을 **포함**할 수 없다.

뱅크스는 러셀을 대신하여 그리고 그 자신을 위해, "사건들과 자연적 성질들을 포함하는 강화된 물리주의적 세계관이 모든 의미에서 심적인 것보다 우선적임을 이제 알겠다. …… 감각의 성질들은 단지 우리들 뇌 속 매우 복잡하게 구성된 사건들의 고차원적 성질들일 뿐이다"[6]라고 말한다. 이 **중립적** 일원론은 어떤가? 그것은 **물리주의적** 일원론으로서 추상적인 것과 물리적인 것을 선호하며 질적인 것을 **무시**하는 견해이다. 그 것은 지금 때때로 '러셀주의적 일원론'이라 불리지만 러셀 자신이 그것을 주장했는지의 여부는 의심스럽다. 1927년 이후 심-신 문제에 대한 러셀의 견해는 표상적 실재론representative realism과 결합된 중추-상태 유물론의 한 형태였다.[7] 그리고 뱅크스의 설명에서 우리는 또한 일종의 창발론을 강력히 제안받는다. 감각질은 '고차적'이며 사건들은 "매우 복잡하게 구성되어" 있는데, 이것은 아무튼 감각질이 사건에 깃들게 하는 데 도움을 준다고 추정된다.

마흐의 견해에서 요점은, 지각을 외부세계의 사물과 자아의 교류로 생각하면 안 된다는 것이다. 우리는 외부세계의 사물을 직접 인식하지 못하며, 자아는 우리가 직접 인식하고 **있는** 감각들과 더불어 이윽고 피어난다. 이것이 그의 표상적 실재론이다.

따라서 우리에게 세계는 신비로운 실체들로 구성되어 있지 않다. 이 신비로운 실체들이란 똑같이 신비로운 또 다른 실체인 자아ego와의 상호작용에 의해, 유일하게 접근 가능한, 감각들을 생산한다는 실체들이다. 우리에게 색, 소리, 공간, 시간들······ 은 잠정적으로 궁극적인 요소들로서, 우리의 업무는 그것들의 주어진 연관성을 탐구하는 것이다.[8]

어느 곳에서와 마찬가지로 이 경우에도 나는 오직 현상론적인 마흐만 보이며, 마흐를 또한 이런 식으로 해석했던 논리실증주의자들이 옳았다고 생각한다.[9] 마흐가 매개되지 않은 경험의 내용들(색과 소리같이 우리가 직접 보고 듣는 것들)이 그의 요소들이 되길 원했다는 것은 정말 의심의 여지가 없다. 색과 소리의 사례들이 물리적으로건 심적으로건 어떻게 중립적으로 취급될 수 있는지를 알기는 쉽다. 그러나 우리 안에 유색 감각들을 생산하는 역동적 힘 또는 로크적 힘들은 사정이 다르다. 이 유색 감각들은 그 다음 뇌 과정들과 동일시되는데, 특히 왜냐하면 이런 뇌 과정들은 문자 그대로 유색이거나 청각적이지 않으며 다양한 감각 양상의 또 다른 적절한 대상들이 소유한 그 어느 것도 소유하고 있지 않기 때문이다.

1919년에서 1927년 사이의 마흐와 러셀에게 지각은, 우리가 아는 다른 모든 것과 마찬가지로, 요소들 간의 관계이다. 매우 의미심장하게도 마흐의 요소들은 '공간'을 포함하며, 따라서 요소들 중 그 어느 것도 그 자체 공간적이지 않다. 마흐에 의하면 공간 및 위치 요소들은 눈 운동의 움직임과 연관된다. 마흐는 『감각의 분석』 20%에 해당하는 두 개의 장에서 공간 감각들에 몰두하며 또한 방향에 따른 상대적 위치와 형태의 변화와 같은 그 밖의 밀접한 관련 주제들에 몰두한다.

언젠가 "어떻게 큰 나무에 대한 지각이 사람의 작은 머리에 자리 잡을 수 있었을까?"라는 질문이 진지하게 논의되는 것을 들은 적이 있다. 이제 이 '문제'는 문제도 아니지만, 그럼에도 불구하고 뇌 속의 감각들을 공간적으로 생각함으로써 범할 수 있는 불합리를 생생하게 느끼게 해준다. 내가 타인의 감각들에 대해 말할 때, 당연히 그런 감각들은 나의 시각적 또는 물리적 공간에 나타나지 않는다. 그것들은 심적으로 추가되며, 나는 그것들이 관찰된 뇌에 공간적으로가 아니라 인과적으로 부착되었다고 생각하며, 보다 정확히는 기능적으로 나타났다고 생각한다. 내가 내 자신의 감각들에 대해 말할 때, 이 감각들은 내 머리 안에 공간적으로 존재하지 않으며, 오히려 내 '머리'가 똑같은 공간적 장을 그것들과 공유한다.[10]

우리의 몸과 인과적으로는 물론 **공간적으로도** 연관된 감각들이 있다. 통증과 배고픔 같은 것이 그렇다. 그러나 경험이 우리의 안내자가 되는 경우라면 색과 그 밖의 요소들은 몸 밖에서 경험된다. 나는 나뭇잎들의 초록을 내 손이나 눈의 내부에서 **보지** 않는다. 외부 세계(우리 몸 밖에 있는 외부 세계)의 모든 요소들, 우리 몸의 요소들, 우리가 비물리적이라고 여기는 것들은 다양한 방식으로 내부적으로 연결된 단일 덩어리를 형성한다. "따라서, 이런 식으로, 우리는 몸과 위에서 서술한 감

각과의 간극, 외부에 있는 것과 내부에 있는 것과의 간극, 물
질적 세계와 정신적 세계와의 간극을 발견하지 못한다".[11] 왜
냐하면 간극이 없기 때문이다.

2. 중립적 일원론: 이론

중립적 일원론의 가장 중요한 신조 — 그것을 진정으로 중립
적이게 만드는 것 — 는 어떤 중립적 요소가 물리적 연쇄에서 고
려된다면 물리적**이며**, 그러나 바로 그 동일한 요소가 심적 연
쇄에서 고려된다면 **바로 그 때문에** 심적인 것으로 간주된다는
것이다.

따라서 물리적 연구와 심리적 연구의 현격한 차이는 오직 우
리가 습관적인 고정관념적 개념들을 묵인할 때 지속된다. 색은
우리가 그것의 의존성, 예를 들어 그것의 광원, 다른 색깔, 온
도, 공간 등등에 대한 의존성을 고려하면 곧 바로 물리적 대상
이 된다. 그러나 우리가 그것의 망막[그리고 몸의 다른 요소들]
에 대한 의존성을 고려할 때, 그것은 심리적인 대상, 즉 감각이
다. 주제가 아니라 탐구 방향이 두 영역에서 다르다.[12]

옥스퍼드 대학교와 그것을 구성하는 여러 단과대학에 대한 라일의 비유를 다시 생각해 보자. 단과대학들과 대학교는 **종류**가 다른 것들이기 때문에 그것들을 한 범주에 넣고서 그것들을 세어나갈 수 없다. 우리는 다음과 같은 여러 기관들의 목록에 얼마나 많은 것들이 있는지 물을 수 없다. 엑시터 대학, 트리니티 대학, 발리올 대학, 유니버시티 대학 …… (그리고 그 밖의 모든 홀과 대학들), **그리고** 옥스퍼드 대학교. 목록 자체가 범주의 오류를 범하고 있다. 이와 똑같은 방식으로 다음과 같은 장갑들의 목록에도 범주의 오류가 있다. 왼손 장갑, 오른손 장갑, 빨강 장갑, 또 다른 빨강 장갑, 어린이 장갑, 또 다른 어린이 장갑 …… **그리고** 장갑 세 켤레. 왜냐하면 장갑 한 켤레도 장갑 여러 켤레도 장갑이 아니기 때문이다.

이와 똑같은 방식으로 우리는 중간색 조명, 빨간 표면, 전자기 전위의 변화, 등등으로 이루어진 연쇄를 고려할 수 있다. 만약 우리가 바로 이 동일한 빨간 요소를 깜박임, 인간의 기대, 빨간 요소로 둘러싸인 색 환경, 망막의 상태, 시각피질의 영역 V2에 손상 없음 등등을 포함하는 연쇄에서 생각한다면, 빨간 요소는 심리적 또는 지각의 사건으로 간주될 것이다.

우리가 할 수 없는 것 또는 하면 안 되는 것은 심리적으로 해석된 요소가 포함된 물리적으로 해석된 요소들의 연쇄를 만들거나, 물리적 요소가 포함된 심리적으로 해석된 요소들의 연쇄를 만드는 것이다. 깜박임, 인간의 기대, 색 환경, 망막의 상태, V2에 손상 없음, 빨강에 대한 지각, **그리고 빨간 물리적 표면**은 기념비적인 범주의 오류를 범한다. 이는 중간색 조명, 빨간 표면, 전자기 전위의 변화, **그리고 빨강에 대한 지각**으로 이루어진 집합의 구성이 원칙의 오류를 범하는 것과 마찬가지이다. 둘 다 정당한 인과 연쇄로 인정될 수 없다.

마흐의 일원론이 지닌 더 극적인 결과들 중 하나는 통증 같은 것들이 물리적 연쇄에서 취급된다면 물리적이며 심적이지 않다는 것인데, 데카르트도 그것들이 그렇다고 생각했다. 나는 이 견해가 감각을 **물리적**이라 여긴 중세와 그 이전 철학자들, 그리고 물론 마흐 자신을 제외한 거의 모든 사람들에게 절대로 받아들여질 수 없다고 생각한다. 그것은 물리적인 것과 심적 또는 심리적인 것과의 구분은 마흐 시대의 물리학 및 심리학 연구가 그 선을 그었던 곳 또는 오늘날 그 선이 그어지는 곳에서 그어질 수 없다는 결과를 낳는다. 이것이 마흐가 의도했던 것이다. 통증은 몸 안의 물리적인 것들로서 공간적 위치를 갖고 또한 시공간적 위치와 연관될 수 있지만, 그것들은 전자기 물리학이나 광학과 음향학 등등의 일부가 아니다. 왜 이것이 우리를 방해해야 하는가?

버트런드 러셀은 구식 우편번호부라는 인상적인 이미지로 중립적 일원론을 묘사한다.

'중립적 일원론' — 관념론적 일원론 및 유물론적 일원론과 반대되는 — 은 보통 심적이라고 간주되는 것들과 보통 물리적이라고 간주되는 것들은 한 쪽에만 있고 다른 쪽에는 없는 어떤 본래적 속성과 관련하여 다른 게 아니라, 오직 배열과 맥락과 관련하여 다르다는 이론이다. 그 이론은 똑같은 이름들이 알파벳 순서로 한 번 지리적 순서로 한 번, 합쳐서 두 번 나타나는 우편번호부와 비교하여 설명될 수 있을 것이다. 우리는 알파벳 순서를 심적인 것과, 지리적 순서를 물리적인 것과 비교할 수 있다. 주어진 것의 관련성은 두 순서 면에서 매우 다르며, 그것의 원인과 결과들은 다른 법칙들을 따른다. 두 대상들은 심적 세계에서는 관념들의 연관성에 의해 연결될 것이며, 물리적 세계에서는 중력의 법칙에 의해 연결될 것이다. 한 대상의 전체적 맥락은 그것이 심적 순서에 있을 때와 물리적 순서에 있을 때가 너무 달라서 대상 자체가 복제된다고 생각되며, 심적 순서에서 그것은 '이데아idea', 즉 물리적 순서에 있는 동일한 대상의 관념이라고 불린다. 그러나 심적 순서의 대상이 대상 자체와 똑같다는 이 복제는 잘못된 생각이다. 의자와 테이블의 '관념들'은 의자와 테이블과 동일하지만, 물리학의 맥락에서가 아니라 그것들의 심적 맥락에서 동일하다고 간주된다.[13]

우리는 마흐와 러셀의 중립적 일원론으로부터 탐구 대상들의 교차하는 두 연쇄, 즉 물리적 연쇄와 심리적 연쇄라는 개념을 얻을 수 있다. 라일로부터는 이런 연쇄들에 적용된 범주의 오류라는 개념을 얻을 수 있다. 에이어와 라일이 주장했듯이, 심-신 문제를 일으키는 오류는 지각적 또는 심리적 사건들의 연쇄를 물리적 사건들로 끝나게 혼합하거나 그와 마찬가지로 그 반대로 혼합하는 것에서, 즉 시작부터 범주의 오류를 품고 있는 연쇄에서 기인한다. 마흐와 그 밖의 중립적 일원론자들로부터는 심적인 것과 물리적인 별개의 두 연쇄가 어떤 것이어야만 하는지에 대한 배경 지식과 어째서 범주의 오류는 마음과 몸의 맥락에서 진정 오류인지에 대한 배경 지식을 얻을 수 있다.

심-신 문제에서 진짜 걸림돌은 마음은ㅡ그것 모두가ㅡ비물리적이며 몸은ㅡ그것 모두가ㅡ물리적이라고 동시에 생각하는 것이다. 이는 (i) 왼손 장갑과 오른손 장갑은 물리적이며, (ii) 장갑 한 켤레는 추상적이기 때문에 비물리적이라는 말과 같을 것이다. 이 두 명제들 중 어느 하나건 단독으로 주장될 수 있지만, 다른 하나와 동시에 주장될 수 없다. 두 명제를 동시에 주장하는 것은 역설을 낳는다. 즉, 나에게 한 켤레의 장갑이 있을 때 나에게는 **세 개의** 것들, 즉 물리적인 것 두 개와 비물리적인 것 하나가 있다는 것인데, 이는 불합리하다. 마찬가지로 마음은 비물리적이며 몸은 물리적이라고 주장하는 것도 심-신 문제라는 역설을 낳는다. 모리츠 슐리크Moritz Schlick 가 다음과 같이 서술했듯이 우리는 일련의 두 설명들을 계속 구별해야만 하며, 이것이 마음과 몸의 상호작용을 막지 않는 것임을 깨달아야 한다.

소위 '정신-물리적인 문제'는 이 두 가지 재현 양식들을 다름 아닌 동일 문장에 혼합해 사용함으로써 발생한다. 올바르게 사용될 때 실제로 다른 언어들에 속하는 단어들이 나란히 놓여 있다. 이는 일상생활에서는 어려움을 전혀 일으키지 않는데, 거기에서는 언어가 임계점으로 내몰리지 않기 때문이다. 이것은 과학의 명제들에 대한 철학적 반성에서 처음 발생한다. 예를 들어 "잎은 초록이다"라는 문장을 보자. 물리학자는 이 문장은 그저 특정 공간적 물체가 특정 주파수의 광선만을 반사한다는 것을 의미한다고 우리를 확신시켜야만 한다. 반면에 심리학자는 그 문장은 지각적 내용의 질에 대한 무언가를 말한다고 반드시 주장해야만 한다. 서로 다른 '심-신 이론들'은 이 해석들을 서로 조화시키려는 그 후의 혼란스러운 시도들의 파생물일뿐이다. 그러한 이론들은 대부분 지각과 대상, 내부-세계, 외부-세계, 등등의 이중성을 말하는데, 실제로 이중성이란 세계의 사건들에 대한 두 가지 언어적 그룹화의 문제일 뿐이다. 경험의 문제로서의 물리적 언어가 세계를 완벽하게 묘사하기에 충분한 것 같아 보인 환경은, 역사가 가르쳐주듯이, 참 상황에 대한 이해를 쉽게 해준 게 아니라 다른 어느 형이상학만큼이나 문제 해명에 방해가 되는 유물론적 형이상학의 성장을 뒷받침했다.[14]

마흐적인 중립적 일원론의 관점에서는 마음과 몸이 상호작용한다는 세 번째 명제에 대하여 무엇을 반드시 말해야 하는가? 여기에서 "마음과 몸이 상호작용한다"도 처음의 두 명제들을 결합할 때 조심해서 피해야만 하는 바로 그 범주의 오류를 범한다. "마음은 몸과 상호작용하며, 몸은 마음과 상호작용한다" 그리고 "마음과 몸은 상호작용한다"는 범주의 오류를 범하는 문장들이다. "올바르게 사용될 때 실제로 다른 '언어들'에 속하는 단어들이 나란히 놓여 있다. 이는 일상생활에서는 어려움을 전혀 일으키지 않는데, 거기에서는 언어가 임계점으로 내몰리지 않기 때문이다." 범주의 오류를 인정하면 우리는 언어를 '임계점'까지 그리고 그 너머까지 다룰 수밖에 없고, 그래서 우리는 범주의 오류를 범하지 않고서는 "와인이 내 마음을 기분 좋게 만들었다"와 같은 말들을 할 수 없어 보인다.

3. 상호작용, 지각과의 상호작용 사례

심적인 것과 물리적인 것의 상호작용이 지닌 세부 사항들은 중립적 일원론에서 다루기 까다롭지만, 그럼에도 다루어질 수 있으며, 이것이 심-신 문제의 실로 경이로운 일부분이다. 마흐를 제외한 중립적 일원론자들은 그러한 상호작용들이 어떻게 작동하는지에 대한 세부 사항들을 전혀 고려하지 않았다. 나는 중립적 일원론자가 심적 사건과 물리적 사건들과의 인과관계를 어떻게 이해해야 하는가를 설명하기 위해 상이한 세 유형들인, 상호작용의 세 가지 사례를 고찰하고자 한다.

우선, 우리가 어떤 외부 대상을 일상적인 방식으로 본다고 상상하자. 우리 앞에 있는 자신의 손을 본다고 상상하자. 우리에게는 손이 있고, 손에 대한 관념이 있다. 그런데, 어떤 것의 관념이라는 개념은 장차 이해되어야 한다. 손은 물리적 연쇄의 구성원이다. 관념은 심리적 연쇄의 구성원이다. 두 연쇄들 사이에 교차점이 있으며, 그래서 심리적 연쇄에 배치될 수 있는 것은 물리적 연쇄에도 배치될 수 있다. 중립적 일원론자는, **두 연쇄들이 교차할 때, 어느 쪽 연쇄에든 배치될 수 있는 하나의 요소가 존재한다는 의미에서, 우리는 물리적인 것과 심리적인 것과의 인과관계를 갖는다고** 주장할 수 있다. 우리는 슐리크가 언급한 언어의 '임계점' 너머에서 인과관계를 갖는다. 그렇지만 우리가 개별적 요소들 차원으로 **내려갈** 때, 우리는 심-신 상호작용을 이해할 수 있다. 두 종류의 연쇄는 요소들의 차원에서 상호작용하는 데, 두 연쇄들 모두에 배치될 수 있는 요소들이 존재한다는 의미에서 그렇다. 그리고 거기에서 우리는 상호작용을 갖는다. 그렇지만 이것이 발생하려면 물리적 요소들이 비공간적인 것으로, 또는 심리적 요소들이 공간적인 것으로 간주될 수 있어야만 한다. 이 차원에서 우리의 모순된 원본 테트라드의 경우 **거짓인 것은 처음 두 명제들의 결합**이다. 그들 중 하나는 거짓이다. 이원론은 거짓이며, 그러기에 일원론이 참이다.

우리가 인식하는 것이 무엇이냐는 관점에서 우리는 연쇄를 갖는다. 〈빛〉, 〈손〉, 〈빛을 반사하는 손〉, 〈망막에 닿는 빛〉, 〈시각 피질의 활성화〉. 이런 요소들은 그 순서상 광학의 과정과 대상들의 사례들, 해부학, 광-전자학, 생리학, 생리학의 순서로 분류될 수 있다. 이것은 물리적 연쇄이다. 우리는 또한 〈테이블〉, 〈손〉, 〈할머니〉, 〈스파게티〉, 〈배고픔〉이란 관념들images의 연쇄를 갖는다. 이런 요소들은 지각의 사례들, 지각, 기억, 기억, 욕구의 순서로 분류될 수 있다. 연쇄는 심리적이다. 그러나 두 연쇄들은 교차한다.

〈빛〉

〈테이블〉, 〈손〉, 〈할머니〉, 〈스파게피〉, 〈배고픔〉 **(관념들)**

〈빛을 반사하는 손 〉

〈망막에 닿는 빛〉

〈시각피질의 활성화〉

(물리적 과정들과 대상들)

마흐가 주장했듯이, 마음은 그 부분들의 합으로 간주되어야 한다. 욕구, 환상, 기억, 기대, 등등의 요소들과 그 관련 부분들은 '중립화되어' 물리적 연쇄로 삽입될 수 있기에, 물리적인 것으로 간주될 수 있다. 또한 몸이나 몸의 부분들도 중립적 요소들로 분해될 수 있으며, 그런 다음 심리적 연쇄로 삽입될 수 있다. 그러면 이제, 세 번째 명제(마음과 몸은 상호작용한다)는 오직 우리가 심적 또는 물리적 사건을 택해 그것을 중립적 사건으로 놓고, 그런 다음 그것을 물리적 사건으로 간주하려고 할 때만이 참이며, 그 역도 마찬가지라는 사실만 우리에게 남는다. 그리고 네 번째 명제는 **무조건적으로** 참이다.

똑같은 유형의 연쇄를 만드는 또 다른 방법들도 있다. 우리는 요소 〈손〉을 심리적인 것으로도 간주할 수 있을 터인데, 왜냐하면 그것이 〈시각 피질의 활성화〉처럼 물리적 몸과 관련한 사건들로 형성된 요소들의 **수직적** 연쇄에 배치되어 있기 때문이다.

"마음은 그 부분들의 합으로 간주되어야 한다"에 관해서 말해보자. 이 '환원주의적' 관점에 본질적으로 어려운 것은 없다. 중립적 일원론자는 심적 상태들이 소위 데카르트 극장 Cartesian theatre 이라는 심적인 한 장소에 함께 모인다는 생각에 어떤 이점도 없다고 본다. 데이비드 차머스는 그 접근법을 이렇게 설명했다. 중립적 일원론자와 자아를 여러 부분들로 쪼갠 사람들은 "경험에는 반드시 주체가 있어야 함을 부정하거나, 아니면 적어도 주체가 형이상학적으로나 개념적으로 단순한 실체임을 부정함으로써 주체를 수축시킨다".[15] 사람들은 '자아-없음'이란 첫 번째 견해까지 갈 필요는 전혀 없을 것인데, 왜냐하면 마음의 부분들의 합이 마음으로 간주될 수 있기 때문이다. 그러나 반드시 인정해야만 하는 것은 마음이나 몸이 행위할 때 그것은, 말하자면, 한 점에 집중된 행위하는 마음 전체나 몸 전체가 아니라 오직 그것의 한 부분이라는 것이다. 내가 배고픈 느낌 때문에 점심을 먹으러 갈 때 나를 식당으로 가게 하는 것은 배고픈 느낌이지, '수축되었'건 아니건 나의 심적인 삶 전체가 아니다.

처음 두 명제들 각각은 다음과 같은 식으로 거짓일 것이다. 마음의 일부는 비물리적인 것으로 간주될 수 있으며, 일부는 물리적인 것으로 간주될 수 있다. 몸도 마찬가지이다. 마음과 몸이 상호작용할 때, 두 가지 중 하나가 발생한다. 관련된 마음의 부분이나 마음의 사건에 공간적인 특성이 부여될 수 있으며, 그런 다음 공간적인 몸과 상호작용할 수 있다. 또는 관련된 몸의 부분과 몸의 사건은 그것들의 공간적인 특성이 벗겨질 수 있으며 그런 다음 비공간적인 마음과 상호작용할 수 있다.

4. 상호작용, 감각들과의 상호작용 사례

몹시 주관적인 감각들(예를 들어, 통증, 아픔, 뱃멀미, 피부가 따끔거리는 느낌)과 몸과의 관계를 이해하기란, 물리적 대상의 일부만 보면서 그 부분과 문자적 의미에서 의식 전체에 자리한다고 생각될 수 있는 그 관념에 의해 그 대상의 동일성 관계를 파악하는 것보다 더 어려울지 모른다.

예를 들어, 복통-stomachache은 물리적 위장과 공유하는 것이 거의 없어 보인다. 그렇다면 아픔을 야기하는 것이 위장이라고 말하곤 하듯이, 두 연쇄들 사이의 겹침은 어떻게 있을 수 있는가? 우선 첫째로, 위장은 물리적인 시공간에서 발견되어야 하지만, 외관상 복통은 물리적 공간에서 발견될 수 없다. 물리적 연쇄와 심리적 연쇄에 공통된 구성원이 하나도 없어 보인다. 물리적 방식과 심리적 방식, 둘 다로 해석될 수 있는 구성원은 없다.

그런데 이 겉모양은 틀리기 쉽다. 오늘날 과학의 정설은 복통이 위장에 있는 것이 아니라 머리에, 아마도 어떤 신경세포들의 발화에 있다는 것이다. 비록 신경세포들이 정보적으로든 뭐든 아주 잘 통합되어 있다 해도, 이 견해는 매우 특이하다. 현실은 단연코 모호하고 희미한 공간적 조직에 통증들의 배열인 통증 공간이 존재한다는 것으로, 그것은 시각과 촉각 공간들의 결합인 '물리적' 공간에 대응한다. 이 매핑에서 귀통증은 귀에, 치통은 치아에, 복통은 위장에 위치한다. 어떤 통증과 아픔들은 위치시키기가 더 어려운데, 그것들은 이리저리 움직이는 것처럼 보인다. 어떤 통증들은 위치가 모호하다. 예를 들어, 맹장통의 초기 증상은 위의 통증으로 가장되어 나타날 수 있다. 그러나 통증의 위치는 그리 모호하지 않아서, 예를 들면, 귀나 손가락에서 나타날 수 있고, 거기에 있는 것을 여전히 통증으로 간주할 수 있다.

그러나 우리가 세심하다면, 통상 '복통'이라 불리는 각각의 종류에 대해 구별적인 각기 다른 현상학을 확립할 수 있다. 우리는 한 편으로는 달리 설명되지 않는 심적 고통과 다른 편으로는 전체가 덩어리같이 거기에서 움직이지 않는 물리적 위장이라는, 거의 규정되지 않은 두 것들과 직면하는 게 아니다.

위장은 활동적이며, 그러기에 복부 통증의 원인과 종류들은 여러 가지로 각기 다르다.

우리가 지닌 복부 통증의 원인들은 궤양, 담석, 맹장통, 월경통, 소화불량, 크론병, 요로 감염, 그밖에 많은 것들이 있다. 이 모든 것들의 느낌 증상들은 서로 다르다. 그러나 복부와 일반적 생리 기능의 세부적인 내적 징후들도 조사해 보면 서로 다르다.

궤양의 통증은 쥐어짜며 화끈거리고 타는 듯한 종류로, 어느 정도 배고픔과 유사하다. 그것은 복부 아래에서 복장뼈에 이르는 몸 앞쪽에서 상당히 자주 발견된다. 그것은 또한 메슥거리는 느낌과 섞일 수 있고, 특히 식사 후에는 어쩌면 더부룩한 느낌과 섞일 수 있을 것이다. 더부룩한 느낌의 위치도 복부 팽창의 크기에 정확하게 상응할 것이다.

반면에 담낭염은 날카롭더라도 묵중하고 경련 같은 느낌이 들 수 있으며, 때때로 오른쪽 어깨로 확장할 수도 있고, 숨을 들이 쉬면 통증이 증가한다. 기타 등등. 상이한 통증들의 현상학은 매우 다르다. 물론 모두가 통증이다. 그렇지만 그 현상을 주의 깊게 살펴본다면 복부 통증의 상이한 종류들은 그것들의 물리적 원인들과 정확한 방식으로 겹친다는 것이 점점 더 분명해진다.

궤양이 있다면 위벽에 있는 상처들을 자세히 살펴만 보아도 겪는 통증의 종류를 더 잘 파악하게 되며, 상처들에 대한 정밀 검사는 궤양의 원인일 수 있는 위액의 불균형에 대한 파악으로 이어질 수도 있다. 통증을 야기하는 것은 상처나 천공들이며, 통증은 그 상처들에 있다. 그것들은 확실히 아파 **보이며**, 이것이 바로 '상처'라고 불리는 이유이다. 이것은 학습된 연상을 넘어선다. 그것은 한 편의 현상학이다.

물리적 연쇄와 심리적 연쇄가 교차하는 곳의 궤양들이 지닌 기본 요소는 위장과 복장뼈 사이 지점의 타는 듯함이다. '타는 듯함'은 볼 수도 있고 느껴지기도 하는 불같은 상처의 측면과 위산에 의해 야기되는 타는 듯함, 둘 다를 의미한다. 데카르트에게는, 우리가 물리적 요소가 없어도 심리적 요소를 생각해 낼 수 있다는 취지의 논증들로, 고통스러운 질환을 심리적 통증과 물리적으로 묘사하는 우리의 일상 언어를 무효화하는 것이 아주 중요했다. 그러나 이런 종류의 논증은 결국 비현실적이다. 궤양 없이 궤양의 통증을 지님이 어쩌면 논리적으로 가능할 수 있더라도, 이것이 우리에게 무엇을 말해주는가? 만약 그런 이상한 질환이 발생한다면, 사물들은 보이는 대로 존재하는 것이 아닐 것이고, 그래서 우리는 통증 확인을 위해 통상적인 심리적 기준과 물리적 기준을 적용할 권리를 갖지 못할 것이다. 정말로 타는 듯한 통증인가? 그것들은 적절히 국부화되어 있는가? 현재 쥐어짜는 느낌이 있는가? 만약 대답들 모두가 여전히 긍정적이라면, 우리는 마음과 몸이 상호작용하지 않는다고 결론짓기보다 궤양과 **흡사한**, 물리적으로 관심을 끄는 위장 질환을 찾아야만 한다고 생각한다. 또한 우리는, 물리적인 것과 심리적인 것 사이에 논리적, 구조적, 또는 현상학적 겹침이 없다는 의미에서, 그것들이 이원론적으로 상호작용한다고 결론짓지 않아야 한다.

최근 몇몇 연구가 이 방향에서 가장 흥미로운 방식으로 진행되고 있다. 솔크 연구소Salk Institute의 마틴 굴딩Martyn Goulding 과 그의 연구팀은 가벼운 접촉의 찌르거나 쏘는 느낌과 관련된 척수신경세포들은 모기 물림에 의한 것과 같은 ('화학적인') 가려운 통증과 관련된 신경세포들과 똑같은 세포들이 아니라는 놀라운 발견을 발표했다. 그것은 가려운 통증을 담당하는 신경 경로가 있다는 것이기에 만성 가려움증의 치료에 통찰력을 제공할 희망이 있다.[16] 몹시 놀랍게도, 가려움에는 가벼운 접촉의 생리와 전혀 다른 그 자체의 복잡한 생리가 있다. 과학은 이런 종류의 방식으로 점점 더 감각의 생리에 대한 구체적 이해를 촉진하리라 기대된다. 그리고 궤양의 경우와 또 다른 감각 양식들의 다른 많은 사례에서도 이미 그렇듯이, 생리학과 심리학이 점점 더 가까워져서 결국에는 통합될 것이라 믿는다.

사람들은 상처sore와 쓰라림soreness과 같은 추정상 서로 다른 두 것들이 어떻게 상호작용할 수 있는지, 어떻게 심지어 똑같은 것일 수 있는지, 어떻게 똑같은 것이 두 가지 감각 아니면 하나의 감각과 생각으로 나타날 수 있는지 궁금해할 수 있다. 이에 답하려면 라이프니츠가 몰리뉴의 문제Molyneux's problem에 대해 말한 것을 고찰해야만 한다. 그 문제는 정육면체와 구형을 손으로 다루던 선천적인 맹인이 시력을 회복하고서, 오직 시각만으로 어떤 것이 정육면체이고 어떤 것이 구형인지를 말할 수 있을지의 여부이다. 라이프니츠는 새롭게 눈을 뜬 그 사람은 어떤 것이 어떤 것인지를 말할 수 **있을** 것이라고 대답한다.

나는 그가 그 자리에서 실제로 즉각 할 수 있을 것에 대해 말하는 게 아니다. 그는 지금 낯설음에 눈이 부시고 당황스럽다 — 게다가 필시 그는 추론하는 데 익숙하지 않다. 나의 견해는, 구형의 경우에는 표면에 있는 모든 것이 균일하고 각도가 없기 때문에 구형 자체의 표면에는 구별되는 꼭짓점들이 없는 반면, 정육면체의 경우에는 또 다른 모든 점들과 구별되는 여덟 개의 꼭짓점이 있다는 사실에 근거한다. … 이 두 가지 기하학, 즉 맹인의 것과 [촉각이 기능하지 않는] 무력한 사람의 것은 비록 그것들에 공통된 심적 이미지가 없어도 반드시 합쳐져 일치해야 하며, 결국에는 실로 궁극적으로는 똑같은 관념들에 근거해야

만 한다.[17]

통증들의 기하학과 물리적인 몸의 기하학도 마찬가지이다. 그것들은 "비록 그것들에 공통된 심적 이미지가 없어도, 똑같은 관념들[개념들]에 근거한다."

5. 생각과 행위의 상호작용

마지막으로, 마음 속 순수한 생각이라는 가장 극단적인 사례들에서조차, 생각들의 심리적 연쇄와 결과적 행위를 포함하는 물리적 연쇄와의 겹침을 발견할 수 있다. 내가 내 오른팔을 높이 드는데, 그 이유는 내 답이 정답이라고 믿기 때문이며 또한 선생님이 나를 불러주길 원하기 때문이라고 가정하자. 초등학생일 때 나는 몇 년을 동안이나 훈련해서 손바닥을 앞으로 해서 팔을 제대로 뻗어 손을 올릴 수 있었다. 내 답이 정답이라는 생각은 능동적이고 행위-지향적인 내 의식으로 들어가고, 지금 나는 그것이 내 '팔의 의식'으로 흘러들어 가는 것을 현상학적으로 자각하고 있다. 책상을 누르는 딱딱하고 강한 내 팔꿈치 압력이 사라진 것 같다. 나에게는 천장을 향해 춤추는 듯한 손끝의 느낌이 있으며, 정답을 안다는 느낌도 있고, 답이 바로 **내 손바닥 안에** 있다는 느낌도 있다! 이는 확실히 매우 이상하며, 다른 사람들에게는 전혀 다르지만 똑같이 이상한 감각들이 있을 수도 있고 아니면 전혀 없을 수도 있다. 나는 내 선생님의 얼굴, 특히 그의 눈도 강하게 의식한다. 내 팔은 천장을 향해 흔드는 손가락들과 함께 점점 올라간다. **나의 것인** 그 멋진 정답을 발표하도록 내 이름이 불릴까?

이제 이 모든 현상학에서 물리적으로 관련된 것, 즉 공간에 위치될 수 있는 것을 걸러내면, 우리는 **갑작스러운 가속으로 팔꿈치가 펴지고 손가락이 천장을 찌르며 팔이 솟구치는** 마흐적 machian 요소를 발견한다. 우리는 내 팔에 대한 물리적 관찰에서 무엇을 발견하는가? **갑작스러운 가속으로 팔꿈치가 펴지고 손가락이 천장을 찌르며 팔이 솟구친다.** 우리의 두 마흐적 요소들은 일치한다. 물론, 상대짝을 보려면 물리적 요소들에서 많은 것들을 걸러내야만 하며, 이는 심리적 요소들에 대해서도 마찬가지이다. 그러나 상대짝은 있다. 그리고 그렇게 될 때, 우리에게 심리적 사건에 의한 물리적 행위의 인과관계가 있음을 우리는 안다. 심-신 상호작용이라는 이러한 상호작용이 발생할 수 있는 이유는 심적 사건들은 그것들에 상응하는 중립적 요소들을 통해 물리적 요소들이 '될' 수 있거나, 더 정확히 말하면, 물리적 요소들**이라고** 간주될 수 있기 때문이다. 그것들이 어떤 것으로 간주되는가는 그것들이 어떤 인과적 연쇄로 들어가는가의 문제이다. 심-신 문제를 형성한 모순된 테트라드의 첫 명제는 물리적 연쇄 속 심적 사건들의 경우에는 거짓이다. 지금 심적인 것은 물리적이다.

그렇지만 이 어느 것도 "**오직** 물리적 법칙들만 따르는 요소들(예를 들어 지각되지 않은 물질적인 것들)이 존재하지 않는다는 것을 의미하지 않는다. 어떤 것들 (즉, 적어도 관념들images) 또는 러셀이 불렀듯이 "상관관계가 없는 특수자들wild particulars (환상의 의자 같이 보이지만 앉을 수 없는 것—옮긴이)은 오직 심리적 법칙들만 따르며, 어떤 것들은 (즉 감각들) 둘 다를 따른다. 따라서 감각들은 물리적이면서 또한 심적일 것인 반면, 심적 이미지들은 순수하게 심적일 것이다".[18] 어떤 것이 '순수하게 심적인' 요소들인지에 대한 의견 차이는 확실히 있을 것이다. 그러나 심-신 문제를 해결하기 위해 우리에게 필요한 모든 것은, 그것들이 무엇이건 상호작용하는 요소들은 물리적 연쇄나 심적 연쇄에 배정될 수 있으며, **모든** 요소들이 이런 특성을 갖지는 **않는다**는 것이다. 러셀의 사례에서는 공간적 도식에 자리하지 않으려는 관념들과 그렇지 않은 관념들이 있다. 또한 두 연쇄 모두에 마음대로 배치될 수 그 밖의 다른 관념들도 있다 — 예를 들어, '비문증飛蚊症, floaters'은 눈 수정체 뒤 공막 안을 채우고 있는 유리체액의 응축에 의해 야기되는, 날파리가 날아다니는 것 같은 왜곡된 관념들이다.

6. 심-신 문제를 위한 모형

마지막으로, 우리의 시작점인 모순된 테트라드의 모형을 발전시키고자 한다. 이 모형은 중립적 일원론이 제공하는 심-신 문제에 대한 해결책을 공식화할 수 있게 할 것이다.[19] 여섯 개의 냉장고용 자석을 상상해 보라. 각각 숫자 '1'부터 '6'의 형태로 여섯 개의 숫자가 모두 표현되고, 각 자석은 빨강(R), 주황(O), 노랑(Y), 초록(G), 파랑(B), 보라(V)로 친숙한 여섯 색을 모두 표현하고 있다.[20] 이와 같이 '냉장고 세계'의 배열 요소들은 채색된 숫자들이다. 냉장고의 앞면은 다음과 같다.

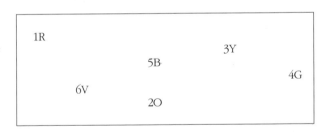

이러한 요소들이 냉장고 세계가 지닌 유일한 것들이라 하자. 냉장고 세계는 오직 채색된 숫자들만 포함한다. 색과 숫자들 자체는 이차적이다. 일차적인 것들은 채색된 숫자로서의 요소들이며, 추상적인 색과 숫자들이 아니다.

그렇지만, 우리는 이 요소들을 수학적 연쇄와 비수학적 연쇄라는 두 종류의 다른 연쇄들로 배열할 수 있다. 가장 익숙한 수학적 연쇄는 1, 2, 3, 4, 5, 6으로 나아가며, 가장 익숙한 비수학적 연쇄는 R, O, Y, G, B, V로 나아간다. 이제 우리는 과학자들의 독특한 어법으로 우리의 모형 세계에 대해 질문할 수 있다. "비수학적 연쇄에 있는 비수학적 요소가 어떻게 수학적 연쇄로부터 '발생'하는가?" 어떻게 우리는 숫자들로부터 색들을 얻을 수 있는가? 아마, 간단한 대답은 얻을 수 없기 때문에 얻지 못한다는 것이다.

예를 들어, 우리가 1, 2, 3, 4, 5, V라는 연쇄를 찾았다고 가정해 보자. 이것은 명백히 불가능한 연쇄이다. 1, 2, 3, 4, 5, V는 어떤 종류의 연쇄도 아닐뿐더러 '숫자-색 문제점'도 있기 때문이다. 그런데 숫자들의 연쇄에 색을 배치하는 것 역시 범주의 오류이다. 만약 당신이 1, 2, 3, 4, 5 …… 로 나타낸 연쇄의 그 다음 항을 원한다면, 6이 아닐 수는 있어도 V가 될 수는 없다.

이제 우리의 냉장고 세계에서 (1r) ('r'은 '냉장고')에서 (4r) 까지 번호가 매겨진 모순적인 테트라드를 만들 수 있는데, 첫째와 둘째 명제는 복수형으로 표현된다. 마흐가 옳았던 점은 마음을 한결같이 물리적이거나 한결같이 비물리적인 실체로 간주하지 **않는** 것의 중요성을 알았다는 것이다. 마음 또는 그것의 r-테트라드 유사물이 그것의 마흐적 요소들로 나뉘어질 때, 우리는 그것들을 아래의 (1r), (2r), (3r)에서 처럼 별개로 고려할 수 있다. 이런 테트라드를 개발하는 것이 중요한 이유는, 대체로 중립적 일원론자들이 우리가 모든 요소들을 중립적인 것으로 여긴다면 심-신 문제가 사라질 것이라는 모호한 생각으로 자족하고 있기 때문이다(「명제들에 관하여」에서 설명하고 있는 러셀은 영예로운 예외이다). 여기 새로운 테트라드가 있다.

(1r) 보라색[마음의 일부에 대한 유사물]은 비수학적[비물리적인] 것이다.

(2r) 숫자 6[몸의 일부에 대한 유사물]은 수학적[물리적]인 것이다.

(3r) 보라색[마음의 일부]과 숫자 6[몸의 일부]은 서로를 뒤따른다.

(4r) 수학적[물리적] 및 비수학적[비물리적인] 것들은 서로를 뒤따르지 않는다.[21]

이 유비에서 중요한 점은 테트라드 (1r)-(4r)는 복수형으로 (예를 들어, 6이라는 색, 보라라는 숫자) 개별 요소들을 지칭하며, '마음'과 '몸'을 나타내는 두 것들을 지칭하지 않는다는 점이다. (이것들의 유사물들은, 말하자면 '추상적으로' '색'과 '숫자'일 것이다). 마흐와 대부분의 중립적 일원론자들의 경우, 마음에 대한 올바른 접근은 수축적 접근이다. 즉, 마음을 그것의 요소들로 환원한다는 의미에서 환원주의적이다.

만약 우리가 '보라색'을 '보라 수(또는 숫자)'로 대체한다면, 우리는 중립적 요소(보라 수 또는 숫자 6)를 수학적 연쇄(1R, 2O, 3Y, 4G, 5B, 6V)에 배정**할 수 있어서** (1r)이 거짓이며, 또는 채색된 숫자 6이 보라이기 때문에 그것을 비수학적 연쇄(R1, O2, Y3, G4, B5, V6)에 배정할 수 있어서 (2r)가 거짓임이 즉각적으로 명확해진다. 두 경우 모두에서 '색-숫자 문제'는 해결되었다. 만약 우리가 배운 것을 심신 문제에 대한 원래의 테트라드에 적용한다면, 심신 문제 역시 해결된다. 커피에 대한 욕구는 보통은 심리적 계열들에 배치된다. 만약 그렇다면, 그것을 또한 **물리적** 인과사슬의 끝에 배치하는 것 역시 V를 연쇄 1, 2, 3, 4, 5 …… 의 끝에 놓는 것처럼 이치에 맞지 않을 것이다. 그러나 만약 우리가 그 욕구를 물리적인 것으로 간주하고 그것을 물리적 연쇄의 적절한 위치에 배치한다면, 우리는 심-신 상호작용을 갖는다. 왜냐하면 이제 그 욕구는 몸에서의 대략적인 위치를 고려하고 그 다음 커피 잔에 손을 뻗는 나의 행위를 포함한 그것의 적절한 원인과 결과들을 고려하면, 물리적인 것으로 간주되기 때문이다.

우리는 심지어 냉장고 세계의 심-신 문제에 대한 서로 다른 표준적인 철학적 입장들을, 테트라드의 구성 명제들 중 하나를 기각해서 테트라드를 일관성 있게 만드는 시도들로 설명할 수 있다. 예를 들어, 행동주의는 색이 특정 숫자들의 그룹에 속하기 위해서는 숫자의 성향 면에서 색이 분석되어야 한다고 말한다. 중추-상태 유물론은 색은 숫자와 동일하다고 말한다. 기능주의는 색은 기계의 즉 숫자들로부터 색들을 산정하는 기계의, 기능적 또는 계산적 상태라고 말한다. 제거주의적 유물론은 완벽해진 과학은 수학적으로 우수한 수적 서술들을 선호하며 색 서술들을 제거할 것이라고 말한다. 이원론은 색과 숫자는 별개의 실체들이라고 말한다. 마지막 입장은 실재 세계에서는 당연히 참이지만 냉장고 세계에서는 거짓이다. 약간의 독창성이 있으면 의식에 대한 기존의 주요 과학적 설명들도 비슷한 방식으로 제시될 수 있다.

우리는 심-신 문제가 참으로 역설임을 명심해야 한다. 그것의 해결책은 모순적인 테트라드의 네 명제들을 옹호하는 복잡한 논증들에서, 또한 이 명제들에 내장된 개념들에서 발견될 것이다. 중립적 일원론은 이 점을 실제로 분명하게 볼 수 있게 한다. 우리는 테트라드와 심-신 문제를 심적인 것과 물리적인 것에 대한, 또한 마음과 몸에 대한 고정 개념들로 생각하는 데 익숙하다. 그러면 달리 어쩔 수가 없다. 무언가를 내놓아야 한다. 그렇지만 예를 들어, 심적인 모든 것은 정말로 불가해하게 물리적이라고 선언되도록 한 집합의 개념들을 다른 집합에 동화시킴으로써 헤쳐 나가려는 것은 도움이 되지 않는다. 중립적 일원론의 미덕은 그것이, 현상학에 의해 정당화된 방식으로, 또한 주어진 범주들의 본래 상태를 침식하지 않는 방식으로, 주어진 요소들을 한 범주에서 다른 범주로 변경할 수 있게 허용한다는 것이다. 어쨌든 심-신 문제가 우리의 이해에 매우 근본적인 전환을 촉구한다는 것을 모든 사람이 알고 있다. 바로 이것이다. 우리의 개념들은 기어를 바꾸어야만 하는데, 중립적 일원론은 그것을 어떻게 하는지 보여준다. 궤양의 통증은 심적인데, 그것이 전적으로 심리적 용어들로 척도화될 수 있으며, 또한 공간적 준거가 없더라도 그것의 강도, 지속 시간, 성질, 느껴지는 위치에 의해 척도화될 수 있다는 의미에서 심적이다. 그러나 우리가 몸과 관련된 통증을 이해하고 싶다면, 심리적인 몸 도식이 어떻게 몸과 동조될 수 있는지를 터득해야 하며, 그 다음 통증이 어떻게 몸과 더 넓은 물리적 세계의 진정한 위치를 가리킬 수 있는지를 터득해야 한다.

용어 해설

감각질
이른바 정의할 수 없는 경험의 속성들, 또는 때때로 "빨강의 빨강임"과 같은 경험 자체로서, 그런 특별한 방법으로 의식하는 것은 "어떤 것일 것"이라고 일컬어진다.

관념론
모든 것은 관념적, 심적, 정신적이라는 형이상학적 견해. 물리주의와 반대.

기능주의
심적 상태는 유기체의 기능적 상태이며, 그 기능적 상태는 계산적 상태라는 이론. 인공지능 연구자들에게는 자연적인 견해.

동일론
마음은 일련의 뇌 과정과 동일하다는 견해.

모순적인 테트라드
네 명제들의 무리로서, 그중 어느 세 개든 네 번째의 거짓을 함의한다.

무법칙적 일원론
도널드 데이비슨과 관련된 견해로서, 이 견해에 따르면 심적 사건은 물리적 사건이며 심적 사건과 물리적 사건의 상호작용을 지배하는 엄격한 법칙은 없다. 사건들에 대한 심적 서술이 그것들에게 무법칙적인 특징을 준다. 그것들은 법칙을 따르지 않는다. 비유: '값이 싼'이란 무법칙적인 서술이다. 물건의 값이 싸다는 것을 서술하는 엄격한 경제 법칙은 없기 때문이다('가격'과 비교하라). 그럼에도 값이 싼 모든 것은 경제 행위의 대상이다.

물리적
3차원적인 공간에 위치를 가짐. 또는 질량/에너지를 가짐. 또는 물리학에서 언급됨.

물리주의

존재하는 유일한 것들은 물리적인 것들이라는 견해. 심적인 것들이 물리적이라면, 심적인 것들이 존재한다는 것을 부정하지 않는다.

범심론

우주의 모든 것에는 어떤 수준의 심성이나 의식이 있다는 이론.

보존 법칙

'닫힌' 시스템의 질량 또는 에너지의 총합은 일정하다는 물리학의 법칙.(선형 운동량 같은, 그 밖의 다른 속성들에 대한 보존 법칙들도 있다.)

부수 현상론

심적 현상은 기본적인 물리적 현상의 부산물이며, 결국 부수 현상은 물리적 현상에 인과적으로 작용하지 않는다는 이론.

상호작용론

마음과 몸은 상호작용한다는 주장.

속성 이원론

심적 속성과 물리적 속성이 별개라는 이론으로서, 마음과 몸은 별개의 실체들이 아니라는 견해와 결합된 이론이다.

수반

고차원적 속성들과 저차원적 속성들과의 관계. 고차원적 속성들 H가 저차원적 속성들 L에 수반한다고 말해지는 경우는 L의 상응하는 변화 없이는 H의 변화가 있을 수 없는 경우일 때에만(if and only if)이다. 따라서 미적 속성들은 물리적 속성들에 수반한다; 예를 들어 한 점의 그림은 그것의 물리적 구성에 상응하는 변화 없이 미적으로 향상될 수 없다. 수반 이론에 의하면, 심적 속성들은 물리적 속성들에 수반한다.

실체 이원론

개별적 사물들의 근본적인 두 유형, 심적 유형과 물리적 유형이 존재하며, 그것들은 서로에게 독립적으로 존재할 수 있다는 의미에서 별개라는 이론.

신비론

심-신 문제는 풀 수 없으며, 마음은 신비라는 논제.

연장

물리적 공간에 길이, 또는 폭이나 높이, 또는 x, y, z 좌표를 가짐.

이중 측면론

마음과 물질은 하나의 중립적인 것이 지닌 두 측면이라는 이론. 라일의 은유로는, 도서관 사서가 한 권의 책을 가격의 측면과 주제의 측면에서 볼 수 있는 것과 마찬가지이다.

전역 작업공간 이론

버나드 바스에 의해 발전된 견해로서, 뇌의 정보는 특수한 집합의 신경세포들이 하는 특수한 종류의 활동에 통합되며, 이 정보 수렴의 결과가 곧 의식이다. 의식에 적용된 동일성 이론의 한 형태.

제거주의

심적인 범주와 서술들은 완성된 신경과학의 서술들과 연관되지 않을 것이며, 따라서 심적 서술들은 제거될 것이며 제거되어야 한다. 통속 심리학의 유심론적 용어들은(예를 들어, '원한다', '희망한다', '사랑한다') 어떤 생리적 상태도 서술하거나 설명하지 않으며, 따라서 원함, 희망함, 사랑함 같은 것들은 존재하지 않는다. 이는 '마녀'라는 용어가 완전하고 참된 세계관에서 아무 것도 서술하지 않는 것과 마찬가지이다.

주의 도식

마이클 그라지아노의 이론으로서, 의식이란 우리들 뇌에 있는, 우리의 주의나 정보 여과 활동에 관한 단순화된 모형 또는 도식이다.

중립적 일원론

마음과 몸에 대한 견해로서, 색과 같은 것들은 물리적이지도 심적이지도 않으며, 심적인 것과 물리적인 것과 관련하여 '중립적'이다. 단지 그것들은 우리들에 의해 물리적이거나 심리적인 설명적 관계들에 놓인다. 에른스트 마흐에 의하면 색의 발현은 우리가 그것을 광원 온도 등과의 관계에서 고려한다면 물리적이고, 망막, 마음의 상태 등에 대한 그것의 의존성을 고려한다면 심리적이며, 이 경우 그것은 감각이다.

창발론

물질이 복잡성의 정도가 충분해지면 마음이 물질로부터 출현한다는, 19세기 말에 유행했던 견해.

통합정보 이론

줄리오 토노니가 제기한 이론으로, 의식은 뇌에서 통합된 정보이다.

평행론

마음과 몸의 상호작용을 부인하는 이원론의 한 견해.

행동주의

마음의 상태에 대한 서술은 물리적인 몸이 특정 방식들로 행동하려는 경향 또는 경향의 함수라는 이론.

35~70Hz 가설

프랜시스 크릭과 크리스토프 코흐의 의식에 대한 신경과학적인 논제로서, 의식의 '신경 상관자들'은 35Hz와 70Hz 사이 주파수로 일어나는 신경세포들의 발화라는 주장.

주

서문

1. David Chalmers, "Facing Up to the Problem of Consciousness," *Journal of Consciousness Studies* 2, no. 3(1995): 200-219, 그리고 의식적인 마음*The Conscious Mind* (Oxford: Oxford University Press, 1996).

2. 쇼펜하우어가 '세계의 매듭(the world-knot)'이라는 단어를 사용**했어도**, 그는 자아 동일성을 인식과 의지의 통일로 서술하려고 그 단어를 사용했다. 세계-매듭은 자아와 **몸**의 통일이 아니라 자아와 **세계**와의 통일이기에, 결코 심-신 문제가 아니다. "의지하는 주체와 인식 주체의 동일성은 '나'라는 단어가 (정말로 필연적으로) 둘 다를 포함하고 지시하는 덕분이며, 그 동일성이 세계의 매듭이고, 따라서 불가해하다."(Arthur Schopenhauer, *On the Fourfold Root of the Principle of Sufficient Reason* [La Salle: Open Court, 1974], p. 210). 또한 Günther Zöller, "Schopenhauer on the Self"를 볼 것. 이것은 *The Cambridge Companion to Schopenhauer*, ed. Christopher Janaway(Cambridge: Cambridge University Press, 1999), p. 26에 수록되어 있다. 쇼펜하우어에게 세계-매듭은 해명될 수 없다("ist... unerklärlich"). 왜냐하면 우리는 오직 **객체들** 간의 연관성만 파악할 수 있을 뿐이고, 주체는 **객체**가 아니기 때문이다.

1장

1. Keith Campbell, *Body and Mind*(New York: Anchor Books, 1984), 14를 볼 것. 나는 캠벨의 공식화에 다음과 같은 변화를 주었다. 캠벨의 '정신적인'을 '비물리적인'으로, 그의 '물질적인'을 '물리적인'으로, '상호작용하지 않는다'를 '상호작용할 수 없다'로 대체하였다. 캠벨의 공식과 관련된 또 다른 공식들이 있으며 아마 더 심도 깊을 수 있다. 그러나 나는 가장 간단하게 사용 가능한 공식으로 작업하는 게 좋았다. 예를 들어, 커크 루드비히(Kirk Ludwig)는 다음과 같이 공식화한다: (1) 어떤 사물들은 심적 속성들을 지닌다(실재론); 심적 속성들은 개념적으로 비심적 속성들로 환원되지 않으며, 그 결과 어떤 비심적인 명제도 어떤 심적 명제건 함의하지 않는다(개념적 자율성); (2) 한 사물의 기본적 구성 요소들과 그것들의 비관계적 속성들이란 면에서 그 사물에 대한 완전한

서술, 그리고 (3) 그 기본적 구성 요소들의 서로 간의 관계들 그리고, 비슷하게 서술된 또 다른 사물들의 기본적 구성 요소들과의 관계들은(구성적 서술) 한 사물에 대한 완전한 서술을 수반한다. 완전한 서술이란 한 사물의 모든 속성들에 대한 설명이 그것의 구성적 서술들로부터 나오는 것이다(구성적 설명의 충분함); (4) 사물들의 기본적 구성 요소들에는 소위 심적 속성들은 없다(구성적 비유심론). Kirk Ludwig, "The Mind-Body Problem: An Overview"를 보라. 이것은 *Blackwell Guide to Philosophy of Mind*, ed. Stephen Stich and Ted A. Warfield(Oxford: Blackwell, 2003), 10-11에 실려 있다. 그 생각은, 몸을 포함하여 루드비히의 테트라드에서 다루어지지 않은 물리적인 것들에는 어떤 심적 속성도 없지만, 심적 속성들은 존재한다는 것이다. 그렇지만 이 심적 속성들은 물리적 속성들에 의해 설명될 수 없다. 루드비히의 테트라드는 비록 *구성 요소, 환원 가능한, 그와 같은, 창발의 부정, 관계성*이라는 개념을 사용하지만 매우 흥미를 끈다. 그러나 우리가 그것을 피할 수 있는 경우에도, 심-신 문제는 이같이 복잡하고 골치 아픈 개념의 목록 없이도 어려운 점이 충분히 많아 보인다.

2. Timothy L. S. Sprigge, "Final Causes," *Aristotelian Society suppl.* vol. 45 (1971), 166ff.; Thomas Nagel, "What Is It Like to Be a Bat?" *Philosophical Review* 83, no. 4 (1974), 435-450.

3. Noam Chomsky, "Language and Nature," *Mind* 104, no.413 (1994), 4~6. 또한 Ned Markosian, "What Are Physical Objects?," *Philosophy and Phenomenological Research* 61, no. 2 (2000), 375~395을 볼 것. 마코시언은 물리적 대상들을 데카르트 좌표계에서 공간적 위치를 지닌 대상들로 정의한다. 그리고 다른 대안들에 반대해 그의 합리적인 견해를 옹호한다.

4. Barbara Montero, "What Is the Physical?," *The Oxford Handbook of the Philosophy of Mind*, ed. Brian McLaughlin, with Ansgar Beckermann and Sven Walter (Oxford: Oxford University Press, 2005), 173~188를 볼 것.

5. René Descartes, *The Philosophical Writings of Descartes*, vol.2, ed. John Cottingham, Robert Stoothoff, and Dugald Murdoch (Cambridge: Cambridge University Press, 1984), 275.

6. Princess Elisabeth of Bohemia to Descartes, May 6-16, 1643, *Descartes: Philosophical Writings*, trans. Elizabeth Anscombe and Peter Thomas Geach (London: Nelson, 1969), 274-275에 수록.

7. Pierre Gassendi, "Fifth Set of Objections," Descartes, *Philosophical Writings*, vol. 2, 234에 수록.

2장

1. E. J. Lowe, "The Problem of Psychophysical Causation," *Australasian Journal of Philosophy* 70, no. 3 (1992), 271-273.

2. Jaegwon Kim, "Lonely Souls: Causality and Substance Dualism," K. Corcoran, ed., *Soul, Body, and Survival: Essays in the Metaphysics of Human Persons*, ed. K. Corcoran (Ithaca: Cornell University Press, 2001), 31에 수록.

3. A. J. Ayer, *The Physical Basis of Mind: A Sequence of Broadcast Talks*, Peter Laslett ed. (Oxford: Blackwell, 1951), 73~74. 에이어가 특히 등장인물들이란 은유를 사용한다는 점에서, 그는 George Stuart Fuller가 자신의 *A System of Metaphysics* (New York: Macmillan, 1904), 311에서 행한 평행론자 W. K. Clifford의 작업 논의에서 영향 받았을 수 있다: "처음에 우리가 소개받은 것으로 보이는 등장인물들은 우리가 정사각형이라 부를 외부 대상, 그 역시 정사각형인 그 대상의 망막 이미지, 정사각형이라고 믿을 이유가 없는 신경절의 교란, 정사각형인, 심적 이미지/심상이다."

4. Matthew Bennett, Michael F. Schatz, Heidi Rockwood, Kurt Wiesenfeld, "Huygens's Clocks," *Proceedings of the Royal Society A*, 458 (2002), 563~579.

5. Ernie Lepore and Barry Loewer, "Mind Matters," *Journal of Philosophy* 84, no. 11(1987), 630.

6. Thomas Henry Huxley, "On the Hypothesis That Animals Are Automata, and Its History," *Fortnightly Review* 95 (1874), 240.

7. Stephen Law, "Honderich and the Curse of Epiphenomenalism," *Journal of Consciousness Studies* 13, nos. 7-8 (2006), 61-77.

3장

1. Gilbert Ryle, *The Concept of Mind*, 60thanniv. ed. (London: Routledge, 2009; first published, London: Hutchinson, 1949), 14.

2. Gilbert Ryle, *On Thinking*, Konstantin Kolenda ed. (Oxford: Blackwell, 1979), x.

3. Saul Kripke, *Naming and Necessity* (Cambridge, MA: Harvard University Press, 1980).

4. 중추-상태 유물론자들은 통증이 C 섬유 자극이라고 설명하곤 한다. 그것은 틀렸다. 왜냐하면 (1) 통증 또한 속도가 매우 빠른 말이집 A 델타 섬유에 의한 척수에로의 전송을 포함하며 (2) C 섬유도 A 델타 섬유도 중추신경시스템의 일부가 아니며 그리고 (3) 말초 A델타 섬유와 C 섬유들은 그저 정보를 척수에 전송한다. 절대로 통증의 원인들과 통증을 동일시하면 안 된다. 중추신경시스템

에서의 관련 상태들은 실제로 시상, 전전두엽 피질, 1차와 2차 체감각 피질(S1 and S2)에 있다. Roland Puccetti, "The Great C-Fiber Myth: A Critical Note," *Philosophy of Science* 2, no. 44(1977), 303-305를 볼 것.

5. Hilary Putnam, "Psychological Predicates," *Art, Mind, and Religion*, ed. W. H. and D. D. Merrill (Pittsburgh: University of Pittsburgh Press, 1967)에 수록, 재인쇄는 "The Nature of Mental States," in *Mind, Language and Reality: Philosophical Papers*, vol. 2 (Cambridge: Cambridge University Press, 1975).

6. Donald Davidson, "Mental Events," *Essays on Actions and Events* (Oxford: Oxford University Press, 1980), 207~227에 수록

7. Paul Churchland, "Eliminative Materialism and the Propositional Attitudes," *Journal of Philosophy* 2, no. 78 (1981), 67.

8. Churchland, "Eliminative Materialism," 76.

4장

1. Jaegwon Kim, *Philosophy of Mind* (Boulder, CO: Westview, 2006), 44-48; Jaegwon Kim, *Physicalism, or Something Near Enough* (Princeton, NJ: Princeton University Press, 2005).

2. 반유물론적 입장으로 매우 잘 알려진 업적을 낸 사람들은 John Searle, Joseph Levine, Colin McGinn이다.

3. Thomas Nagel, "What Is It Like to Be a Bat," *Philosophical Review* 83, no. 4 (1974), 439, *Mortal Questions* (Cambridge: Cambridge University Press, 2000)에 재인쇄. 비슷한 맥락에서 프랑크 잭슨은 "나는 때때로 '감각질 열광자'로 알려진 자이다"라고 말한다. "나는 특히 몸의 감각들에 어떤 특징들이 있다고 생각하지만, 순수하게 물리적인 정보를 하나도 포함하지 않은 어떤 지각적 경험들의 특징들 또한 있다고 생각한다. 생생한 뇌에서 무슨 일이 일어나는지를 말해줄 거기 있는 모든 물리적인 것들을 나에게 말해보라. ...... 당신은 나에게 통증의 고통, 가려움의 근질거림, 질투의 고통, 또는 레몬을 맛보고, 장미 냄새를 맡고, 시끄러운 소리를 듣거나 하늘을 바라보는 것에 대해 말하지 않았을 것이다."(Frank Jackson, "Epiphenomenal Qualia," *Philosophical Quarterly* 32, no. 127 [1982]: 127)

4. David Chalmers, "Facing Up to the Problem of Consciousness," *Journal of Consciousness Studies* 2 (1995): 3; David Chalmers, *The Conscious Mind* (Oxford: Oxford University Press, 1996).

5장

1. Bernard Baars, "Global Workspace Theory of Consciousness: Toward a Cognitive Neuroscience of Human Experience?," *Progress in Brain Research* 150 (2005), pp. 47-48.
2. Scott O. Murray, Daniel Kersten, Bruno A. Olshausen, Paul Schrater, David L. Woods, "Shape Perception Reduces Activity in Human Primary Visual Cortex," *Proceedings of the National Academy of Sciences* 99, no. 23 (2002), 15164~15169.
3. Francis Crick and Christof Koch, "Towards a Neurobiological Theory of Consciousness," *Seminars in the Neurosciences* 2 (1990), 263.
4. Francis Crick, *The Astonishing Hypothesis: The Scientific Search for the Soul* (New York: Scribner's, 1994), 7.
5. Francis Crick and Christof Koch, "A Framework for Consciousness," *Nature Neuroscience* 6, no. 2 (2003), 123.
6. Francis Crick and Christof Koch, "What Is the Function of the Claustrum?" *Philosophical Transaction of the Royal Society*, 360, no. 1458 (2005), 1276.
7. Giulio Tononi, "Consciousness as Integrated Information: A Provisional Manifesto," *Biological Bulletin* 215, no. 3 (2008), 216-242.
8. Michael S. A. Graziano, *Consciousness and the Social Brain* (Oxford: Oxford University Press, 2013); Taylor W. Webb and Michael S. A. Graziano, "The Attention Schema Theory: A Mechanistic Account of Subjective Awareness," *Frontiers in Psychology* 6 (2015), article 500 을 볼 것.

6장

1. JohnLocke, *An Essay Concerning Human Understanding*, ed. Pauline Phemister (Oxford: Oxford University Press, 2008), Book II, viii, 9-10.
2. Ludwig Wittgenstein, *Philosophical Investigations* (Oxford: Blackwell, 2002), 109e-110e, para. 308.
3. Gilbert Ryle, *The Concept of Mind* (London: Hutchinson, 1949), 17.
4. Ryle, *The Concept of Mind*, 23.

7장

1. Ernst Mach, *The Analysis of Sensations*, trans. C. M. Williams (New York: Dover, 1959), 29.
2. Eric Banks, *The Realistic Empiricism of Mach, James, and Russell* (Cambridge:

Cambridge University Press, 2014)을 볼 것.

3. Banks, *The Realistic Empiricism of Mach, James, and Russell*, 6.

4. Banks, *The Realistic Empiricism of Mach, James, and Russell*, 6, 20.

5. Mach, *The Analysis of Sensations*, 2.

6. Banks, *The Realistic Empiricism of Mach, James, and Russell*, 20.

7. 러셀주의 일원론과 순수하게 중립적인 일원론에 대한 흥미로운 내용을 더 알고 싶으면, Torin Alter and Yujin Nagasawa (eds.), *Consciousness in the Physical World: Perspectives on Russellian Monism* (Oxford: Oxford University Press, 2015)을 볼 것. 특히 "범질론panqualityism"(차머스는, 같은 책에 수록된 그의 글 "Panpsychism and Panprotopsychism," 270ff에서 논의하고 있다)을 볼 것. 범질론은 중립적 일원론과 러셀의 감각 가능성sensibilia 또는 아직 지각되지 않은 감각 자료 개념과 공통점이 있는 견해이다. 세계의 궁극적인 구성 요소들은 색처럼 중립적인 질적 요소들로서, 그것들은 그것들이 지각되지 않을 때조차 존재할 수 있다. 범질론에는 이런 구성 요소들이 물리적 또는 심리적 연쇄의 기능적 맥락에 배치될 수 있다는 생각이 없다. 더 큰 결점은 기본적인 질들이 기본적 입자들에 부착될 수 있는데 그것들이 우리가 보거나 듣거나 아니면 경험하는 것과 어떻게 관련되는지를 모른다는 것이다.

8. Mach, *The Analysis of Sensations*, 29-30.

9. Donovan Wishon, "Russell on Russellian Monism," *Consciousness in the Physical World*, 104을 볼 것. Banks, *The Realistic Empiricism of Mach, James, and Russell*, 16; Jonathan Westphal, "'Ernst Mach': An Immediate Joy in Seeing," *Times Literary Supplement* 4907 (1997), 7-8도 볼 것.

10. Mach, *The Analysis of Sensations*, 27.

11. Mach, *The Analysis of Sensations*, 17.

12. Mach, *The Analysis of Sensations*, 17-18.

13. Bertrand Russell, *Theory of Knowledge: The 1913 Manuscript* (London: Allen & Unwin, 1984), 15. 이 연구는 중립적 일원론에 비판적이며, 러셀은 인용된 구절에서 그 이론을 단지 말하고만 있다. 그러나 1919년 「명제들에 관하여」에서 그것을 그 자신의 견해로 만들었다.

14. Moritz Schlick, "On the Relation between Psychological and Physical Concepts," trans. Wilfrid Sellars, *Philosophical Papers*, vol. 2 (1925-1936), ed. H. Mulder and Barbara F. B. van de Velde-Schlick (Dordrecht: D. Reidel, 1979), 431에 수록.

15. David Chalmers, "Panpsychism and Panprotopsychism," *Consciousness in the Physical World*, 270-271.

16 S. Bourane, Martyn Goulding et al., "Gate Control of Mechanical Itch by a Subpopulation of Spinal Cord Interneurons," *Science* 35, no. 6260 (2015): 550-554.

17 G. W. Leibniz, *New Essays on Human Understanding*, ed. and trans. Peter Remnant & Jonathan Bennett (Cambridge: Cambridge University Press, 1981), 137.

18 Bertrand Russell, "On Propositions: What They Are and How They Mean," Proceedings of the Aristotelian Society, suppl. vol. 2 (1919), reprinted in Robert Charles Marsh, Bertrand Russell, *Logic and Knowledge* (London: Allen & Unwin, 1956), 299.

19 여기에서 나는 내가 『철학적 명제들*Philosophical Propositions*』(London: Routledge, 1998), 128-130에서 원래 제안했던 모순적인 테트라드 모형을 더욱 발전시킨다. 나는 이 모형이 Timothy Williamson이 "Model-Building in Philosophy"에서 주장한 정신에 근거하길 원한다. 윌리엄슨의 글은 *Philosophy's Future: The Problem of Philosophical Progress*, ed. Russell Blackford and Damien Broderick (Oxford: Wiley, forthcoming)에 있다.

20 비록 인디고가 색이고 또한 그 색이 존재한다고 해도, '친숙한' 색은 아니다. 적어도 대부분의 사람들에게 뉴턴이 서술한 일곱 가지 스펙트럼의 색들은 색으로서 모두 똑같거나 균일한 상태에 있지 않다. 인디고와 마찬가지로 주황도 빨강, 노랑, 초록, 파랑, 보라에 비교하면 분명 '이차적'인 것 같다. 뉴턴이 색들을 음계의 일곱 간격에 끼워 맞추는, 세련된 수학적 슈호닝shoehorning(억지로 신발 신기기 _옮긴이)("자연과의 유사성은 보존되어야 한다")은 Peter Pesic의 "Isaac Newton and the Mystery of the Major Sixth: A Transcription of His Manuscript 'Of Musick' with Commentary," *Interdisciplinary Science Reviews* 31, no. 4 (2006), 291-306을 볼 것.

21 정확하게 똑같은 방식으로 작동하는 테트라드를 더 많이 찾기는 어렵지 않다. 여기 한 사례가 있다. 완벽하게 보기 드문 우연으로 모서리의 각도가 정확하게 90°가 되는, 벽돌 벽으로 둘러싸인 정사각형 도시를 상상하라. ('(1s)'에 있는 's'는 '정사각형'을 나타낸다.) (1s) 정사각형은 추상적인 것이다. (2s) 불도저는 구체적인 것이다. (3s) 불도저가 정사각형의 한 벽을 허물 때 정사각형과 불도저는 상호작용한다. (4s) 추상적인 것들과 구체적인 것들은 상호작용하지 않는다. 문제를 바라보는 한 방식은 구체적 실체와 추상적 실체 사이에 있는 것인, '정사각형'의 모호성에 주목하는 것이다. 추상적인 것들의 연쇄에서 구체적인 것은 절대로 그 다음 항목이 될 수 없으며, 구체적인 것들의 연쇄에서도 추상적인 것은 절대로 그 다음 항목이 될 수 없다.

참고문헌

Alter, T., and Y. Nagasawa, eds. *Consciousness in the Physical World: Perspectives on Russellian Monism.* Oxford: Oxford University Press, 2015.

Ayer, A. J. *The Physical Basis of Mind: A Series of Broadcast Talks.* Ed. Peter Laslett. Oxford: Blackwell, 1951.

Baars, Bernard. "Global Workspace Theory of Consciousness: Toward a Cognitive Neuroscience of Human Experience?" *Progress in Brain Research* 150 (2005): 45–53.

Banks, Eric C. *The Realistic Empiricism of Mach, James, and Russell.* Cambridge: Cambridge University Press, 2014.

Bennett, Matthew, Michael F. Schatz, Heidi Rockwood, and Kurt Wiesenfeld. "Huygens's Clocks." *Proceedings of the Royal Society of London, Series A* 458 (2002): 563–579.

Bohemia, Princess Elisabeth of. Letter to Descartes, May 6–16, 1643. In *Descartes: Philosophical Writings,* trans. Elizabeth Anscombe and Peter Thomas Geach. London: Nelson, 1969.

Bourane, S., M. Goulding, B. Duan, S. C. Koch, A. Dalet, O. Britz, L. Garcia-Campmany, E. Kim, L. Cheng, A. Ghosh, and Q. Ma. "Gate Control of Mechanical Itch by a Subpopulation of Spinal Cord Interneurons." *Science* 35, no. 6260(2015): 550–554.

Campbell, Keith. *Body and Mind.* New York: Anchor Books, 1984.

Chalmers, David. "Facing Up to the Problem of Consciousness." *Journal of Consciousness Studies* 2, no. 3 (1995): 3.

Chalmers, David. *The Conscious Mind.* Oxford: Oxford University Press, 1996.

Chomsky, Noam. "Language and Nature." *Mind* 104, no. 413 (1994): 4–6.

Churchland, Paul. "Eliminative Materialism and the Propositional Attitudes." *Journal of Philosophy* 78, no. 2 (1981): 67.

Crick, Francis. *The Astonishing Hypothesis.* Oxford: Oxford University Press, 1995.

Crick, Francis, and Christof Koch. "A Framework for Consciousness." Nature Neuroscience 6, no. 2 (2003): 119–126.

Crick, Francis, and Christof Koch. "Towards a Neurobiological Theory of Consciousness." *Seminars in Neuroscience 2* (1990): 263.

Crick, Francis, and Christof Koch. "What Is the Function of the Claustrum?"

Philosophical Transaction of the Royal Society 360, no. 1458 (2005).

Davidson, Donald. "Mental Events." In Essays on *Actions and Events*. Oxford: Oxford University Press, 1980.

Descartes, Rene. *The Philosophical Writings of Descartes*, vol. 2. Ed. J. Cottingham, R. Stoothoff, and D. Murdoch. Cambridge: Cambridge University Press, 1984.

Fuller, George Stuart. *A System of Metaphysics*. New York : Macmillan, 1904.

Graziano, M. S. A. *Consciousness and the Social Brain*. Oxford: Oxford University Press, 2013.

Huxley, T. H. "On the Hypothesis That Animals Are Automata, and Its History." *Fortnightly Review* 95 (1874): 240.

Jackson, Frank. "Epiphenomenal Qualia." *Philosophical Quarterly* 32, no. 127 (1982): 127–136.

Kim, Jaegwon. "Lonely Souls: Causality and Substance Dualism." In *Soul, Body and Survival: Essays in the Metaphysics of Human Persons*, ed. K. Corcoran. Ithaca: Cornell University Press, 2001.

Kim, Jaegwon. *Philosophy of Mind*. Boulder, CO: Westview, 2006.

Kim, Jaegwon. *Physicalism, or Something Near Enough*. Princeton, NJ: Princeton University Press, 2005.

Kripke, Saul. *Naming and Necessity*. Cambridge, MA: Harvard University Press, 1980.

Law, Stephen. "Honderich and the Curse of Epiphenomenalism." *Journal of Consciousness Studies* 13, nos. 7–8 (2006): 61–77.

Leibniz, G. W. New Essays on Human Understanding. Ed. and trans. P. Remnant and J. Bennett. Cambridge: Cambridge University Press, 1981.

Lepore, Ernie, and Barry Loewer. "Mind Matters." *Journal of Philosophy* 84, no. 11 (1987): 630.

Locke, John. *An Essay Concerning Human Understanding*. Ed. Pauline Phemister. Oxford: Oxford University Press, 2008(First published 1689.)

Lowe, E. J. "The Problem of Psychophysical Causation." *Australasian Journal of Philosophy* 70, no. 3 (1992): 3.

Ludwig, Kirk. "The Mind–body Problem: An Overview." In *The Blackwell Guide to Philosophy of Mind,* ed. Stephen Stich and Ted A. Warfield. Oxford: Blackwell, 2003.

Mach, Ernst. *The Analysis of Sensations*. Trans. C. M. Williams. New York: Dover,

1959.

Markosian, Ned. "What Are Physical Objects?" *Philosophy and Phenomenological Research* 61, no. 2 (2000): 375-395.

Montero, Barbara. "What Is the Physical?" In *The Oxford Handbook of the Philosophy of Mind,* ed. Brian McLaughlin, with Ansgar Beckermann and Sven Walter. Oxford: Oxford University Press, 2005.

Murray, Scott O., Daniel Kersten, Bruno A. Olshausen, Paul Schrater, and David L. Woods. "Shape Perception Reduces Activity in Human Primary Visual Cortex." *Proceedings of the National Academy of Sciences of the United States of America* 99, 23 (2002): 15164-15169.

Nagel, Thomas. "What Is It Like to Be a Bat?" *Philosophical Review* 83, no. 4 (1974): 4. Reprinted in his *Mortal Questions* (Cambridge: Cambridge University Press, 2000).

Pesic, Peter. "Isaac Newton and the Mystery of the Major Sixth: A Transcription of His Manuscript 'Of Musick' with Commentary." Interdisciplinary Science Reviews 31, no. 4 (2006): 291-306.

Puccetti, Roland. "The Great C-Fiber Myth: A Critical Note." *Philosophy of Science* 2, no. 44 (1977): 303-305.

Putnam, Hilary. "Psychological Predicates." In Art, *Mind and Religion,* ed. W. H. Merrill and D. D. Merrill. Pittsburgh: University of Pittsburgh Press, 1967. Reprinted as "The Nature of Mental States," in *Mind, Language and Reality: Philosophical Papers,* vol. 2 (Cambridge: Cambridge University Press, 1975).

Russell, Bertrand. "On Propositions: What They Are and How They Mean." *Proceedings of the Aristotelian Society,* suppl. vol. 2 (1919). Reprinted in Bertrand.

Russell, *Logic and Knowledge* (London: Allen & Unwin, 1956).

Russell, Bertrand. *Theory of Knowledge: The 1913 Manuscript.* London: Allen & Unwin, 1984.

Ryle, Gilbert. *On Thinking,* ed. K. Kolenda. Oxford: Blackwell, 1979.

Ryle, Gilbert. *The Concept of Mind,* 60th anniversary ed. London: Routledge, 2009. (First published London: Hutchinson, 1949.)

Schlick, Moritz. "On the Relation between Psychological and Physical Concepts." Trans. Wilfrid Sellars. In *Philosophical Papers,* vol. 2 (1925-1936), ed. H. Mulder and Barbara F. B. van de Velde-Schlick. Dordrecht: D. Reidel, 1979.

Schopenhauer, Arthur. *On the Fourfold Root of the Principle of Sufficient Reason.*

La Salle: Open Court, 1974.

Sprigge, Timothy L. S. "Final Causes." *Proceedings of the Aristotelian Society* suppl. vol. 45 (1971).

Tononi, Giulio. "Consciousness as Integrated Information: A Provisional Manifesto." *Biological Bulletin* 215, no. 3 (2008): 216–242.

Webb, Taylor W., and Michael A. Graziano. "The Attention Schema Theory: A Mechanistic Account of Subjective Awareness." *Frontiers in Psychology* 6 (2015), article 500.

Westphal, Jonathan. "'Ernst Mach': An Immediate Joy in Seeing." *Times Literary Supplement* 4907 (1997): 7–8.

Westphal, Jonathan. *Philosophical Propositions*. London: Routledge, 1998.

Williamson, Timothy. "Model-Building in Philosophy." In *Philosophy's Future: The Problem of Philosophical Progress,* ed. Russell Blackford and Damien Broderick. Oxford: Wiley, forthcoming.

Wishon, Donovan. "Russell on Russellian Monism." In *Consciousness in the Physical World: Perspectives on Russellian Monism,* ed. Torin Alter and Yujin Nagasawa. Oxford: Oxford University Press, 2015.

Wittgenstein, Ludwig. *Philosophical Investigations*. Oxford: Blackwell, 2002(First published 1953).

Zoller, Gunther. "Schopenhauer on the Self." In *The Cambridge Companion to Schopenhauer,* ed. Christopher Janaway. Cambridge: Cambridge University Press, 1999.

더 읽을거리

Almog, J. *What Am I? Descartes and the Mind-body Problem.* Oxford: Oxford University Press, 2001.

Armstrong, David. *The Mind-body Problem: An Opinionated Introduction.* Boulder, CO: Westview, 1999.

Bricke, J. "Interaction and Physiology." *Mind* 84, no. 334 (1975): 255-259.

Clark, Austen. "Color, Qualia, and Attention: A Non-Standard Interpretation." In *Color Ontology and Color Science,* ed. Jonathan D. Cohen and Mohan Matthen. Cambridge, MA: MIT Press, 2010.

Crane, Tim, and Sarah Patterson. *History of the Mind-body Problem.* London: Routledge, 2000.

Dennett, Daniel C. *Consciousness Explained.* Boston: Little, Brown, 1991.

Foster, J. "A Defence of Dualism." In *The Case for Dualism,* ed. J. Smythies and J. Beloff. Charlottesville, NC: University of Virginia Press, 1989.

Foster, J. "Psycho-Physical Causal Relations." *American Philosophical Quarterly* 5, no. 1 (1968): 64-70.

Himma, K. E. "What Is a Problem for All Is a Problem for None: Substance Dualism, Physicalism, and the Mind-body Problem." *American Philosophical Quarterly* 42, no. 2 (2005): 81-82.

Jaworski, William. *Philosophy of Mind.* Oxford: Oxford University Press, 2011.

Lycan, William. "Chomsky on the Mind-body Problem." In *Chomsky and His Critics,* ed. Louise Anthony. Malden, MA: Blackwell, 2003.

McGinn, C. "Can We Solve the Mind-body Problem?" *Mind* 98, no. 398(1989): 349-356.

Nagel, Thomas. *The View from Nowhere.* Oxford: Oxford University Press, 1986.

Penrose, Roger, and Stuart Hameroff. "Consciousness in the Universe: Neuroscience, Quantum Space-Time Geometry, and Orch OR Theory." *Journal of Cosmology* 14 (2011).

Rorty, Richard. *Philosophy and the Mirror of Nature.* Princeton: Princeton University Press, 1980.

Searle, John. *The Mystery of Consciousness.* New York: New York Review of Books, 1997.

Searle, John. *The Rediscovery of the Mind.* Cambridge, MA: MIT Press, 1992.

Taylor, Richard. "How to Bury the Mind-body Problem." *American Philosophical Quarterly* 6, no. 2 (1969): 136-43.

Tye, Michael. *Consciousness Revisited.* Cambridge, MA: MIT Press, 2009.

Vision, Gerald. *Re-Emergence: Locating Conscious Properties in a Material World.* Cambridge, MA: MIT Press, 2011.

찾아보기

지은이 | **조너선 웨스트팔** Jonathan Westphal

조너선 웨스트팔은 옥스퍼드대학교의 시니어 커먼룸 Senior Common Room의
영구회원이며 『색채: 철학적 입문 Colour: A Philosophical Introduction』의 저자
이다.

옮긴이 | **한정라**

한정라는 이화여자대학교에서 철학을 공부하고 미네소타대학교에서 사회과학 방
법론에 관심을 기울이며 철학 박사과정과 페미니즘 연구과정을 수료했다.

MIT 지식 스펙트럼

마음과 몸의 문제

지은이 **조너선 웨스트팔** | 옮긴이 **한정라** | 펴낸이 **김종수** | 펴낸곳 **한울엠플러스(주)** 편집 **조수임**

초판 1쇄 인쇄 **2020년 3월 20일** | 초판 1쇄 발행 **2020년 4월 10일**

주소 **10881 경기도 파주시 광인사길 153 한울시소빌딩 3층**

전화 **031-955-0655** | 팩스 **031-955-0656**

홈페이지 **www.hanulmplus.kr** | 등록번호 **제406-2015-000143호**

Printed in Korea.

ISBN 978-89-460-6883-4 03100(양장)

   978-89-460-6884-1 03100(무선)

* 책값은 겉표지에 표시되어 있습니다.